Aktuelle Grundfragen des Arbeitsrechts

Aktuelle Grundfragen des Arbeitsrechts

herausgegeben von

Univ.-Prof. Dr. Christoph Kietaibl

und

Univ.-Prof. Dr. Reinhard Resch

mit Beiträgen von

Mag. Dr. Wolfgang Kozak

Univ.-Prof. Dr. Elias Felten

Univ.-Prof. Dr. Reinhard Resch

ÖGB VERLAG

Schriften zum Arbeitsrecht und Sozialrecht

Hrsg. von Univ.-Prof. Dr. Reinhard Resch

Verlag des Österreichischen Gewerkschaftsbundes GmbH
Johann-Böhm-Platz 1
1020 Wien
Tel. Nr.: 01/662 32 96-0
Fax Nr.: 01/662 32 96-39793
E-Mail: office@oegbverlag.at
Web: www.oegbverlag.at

Medieninhaber: Verlag des ÖGB GmbH, Wien

Verlags- und Herstellungsort: Wien
Druck: Druck: CPI Druckdienstleistungen GmbH, Ferdinand-Jühlke-Straße 7,
99095 Erfurt
ISBN 978-3-99046-710-7

Inhaltsverzeichnis

Abkürzungsverzeichnis

aA	andere Ansicht
aaO	am angegebenen Ort
ABGB	Allgemeines bürgerliches Gesetzbuch
ABl	Amtsblatt der Europäischen Union
Abs	Absatz
aE	am Ende
aF	alte Fassung
AG	Arbeitgeber
AktG	Aktiengesetz
allg	allgemein
aM	anderer Meinung
AMFG	Arbeitsmarktförderungsgesetz
AMS	Arbeitsmarktservice
AN	Arbeitnehmer
AngG	Angestelltengesetz
Anm	Anmerkung
Arb	Sammlung arbeitsrechtlicher Entscheidungen
ArbVG	Arbeitsverfassungsgesetz
ARD	ARD-Betriebsdienst
Art	Artikel
ASGG	Arbeits- und Sozialgerichtsgesetz
ASoK	Arbeits- und Sozialrechtskartei
AZG	Arbeitszeitgesetz
BAG	Berufsausbildungsgesetz
Bd	Band
BEinstG	Behinderteneinstellungsgesetz
BGBl	Bundesgesetzblatt
Blg	Beilage(n)
BlgNR	Beilage(n) zu den stenographischen Protokollen des Nationalrates
BPG	Betriebspensionsgesetz
BR	Betriebsrat
BRG	Betriebsrätegesetz

bspw	beispielsweise
BV	Betriebsvereinbarung
B-VG	Bundes-Verfassungsgesetz
bzgl	bezüglich
bzw	beziehungsweise
ca	circa
ders	derselbe
dh	das heißt
DRdA	Das Recht der Arbeit
E	Entscheidung, Erkenntnis
ecolex	Fachzeitschrift für Wirtschaftsrecht
EMRK	Europäische Menschenrechtskommission
ErgLfg	Ergänzungslieferung
Erl	a) Erläuterung b) Erlass
Erläut	Erläuterung(en)
ErwGr	Erwägungsgrund
EuGH	Europäischer Gerichtshof
EV	Einstweilige Verfügung
EvBl	Evidenzblatt der Rechtsmittelentscheidungen in der Österreichischen Juristen-Zeitung
f	und der, die folgende
ff	und der, die folgenden
FN	Fußnote(n)
FS	Festschrift
G	Gesetz
gem	gemäß
GesRZ	Der Gesellschafter
ggf	gegebenenfalls
GlBG	Gleichbehandlungsgesetz
GmbH	Gesellschaft mit beschränkter Haftung
GmbHG	Gesetz über Gesellschaften mit beschränkter Haftung

GP	Gesetzgebungsperiode
GRC	Charta der Grundrechte der Europäischen Union
grds	grundsätzlich
GZ	Geschäftszahl
hA	herrschende Ansicht (Auffassung)
hL	herrschende Lehre
hM	herrschende Meinung
Hrsg	Herausgeber
hRsp	herrschende Rechtsprechung
HS	a) Halbsatz
	b) Halbschrift
	c) Handelsrechtliche Entscheidungen
idF	in der Fassung
idR	in der Regel
idS	in diesem Sinn
ieS	im engeren Sinn
iHv	in Höhe von
infas	Informationen aus dem Arbeits- und Sozialrecht
insb	insbesondere
iS	im Sinne
iSd	im Sinne des, der
iSe	im Sinne einer, (eines)
iSv	im Sinne von
iVm	in Verbindung mit
iwS	im weiteren Sinn
iZm	im Zusammenhang mit
JAP	Juristische Ausbildung und Praxisvorbereitung
JAS	Journal für Arbeitsrecht und Sozialrecht
JBl	Juristische Blätter
Jg	Jahrgang
Jud	Judikat
Kap	Kapitel
KollV	Kollektivvertrag

krit	kritisch
KSchG	Konsumentenschutzgesetz
leg cit	legis citatae (der zitierten Vorschrift)
Lfg	Lieferung
Lit	Literatur
lit	litera
Losebl	Loseblatt
maW	mit anderen Worten
mE	meines Erachtens
mwH	mit weiteren Hinweisen
mwN	mit weiteren Nachweisen
Nr	Nummer
OGH	Oberster Gerichtshof
ÖZW	Österreichische Zeitschrift für Wirtschaftsrecht
Pkt	Punkt
Rn	Randnummer
RdA	Recht der Arbeit (deutsche Zeitschrift für Wissenschaft)
RdM	Recht der Medizin
RdW	(österreichisches) Recht der Wirtschaft
RIS	Rechtsinformationssystem des Bundes
RL	Richtlinie
Rs	Rechtssache
Rsp	Rechtsprechung
RV	Regierungsvorlage
Rz	Randziffer, Zahl
s	siehe
S	Seite, Satz,
sE	seines Erachtens
Slg	Sammlung
sog	sogenannte, -er, -es
StGBl	Staatsgesetzblatt für die Republik Österreich

StGG	Staatsgrundgesetz über die allgemeinen Rechte der Staatsbürger RGBl 1867/142
stJud	ständige Judikatur
stRSpr	ständige Rechtsprechung
stv	stellvertretend
SZ	Entscheidungen des österreichischen Obersten Gerichtshofes in Zivilsachen
uÄ	und Ähnliche(s)
udgl	und dergleichen
usw	und so weiter
uU	unter Umständen
uva	und viele andere
va	vor allem
VfGH	Verfassungsgerichtshof
VfSlg	Sammlung der Erkenntnisse und wichtigsten Beschlüsse des Verfassungsgerichtshofes
vgl	vergleiche
VO	Verordnung
VwGH	Verwaltungsgerichtshof
wbl	wirtschaftsrechtliche Blätter, Zeitschrift für österreichisches und europäisches Wirtschaftsrecht
WKO	Wirtschaftskammer Österreich
Z	Ziffer
ZAS	Zeitschrift für Arbeitsrecht und Sozialrecht
ZellHB	Zeller Handbuch
ZellKomm	Zeller Kommentar
ZPMRK	Zusatzprotokoll zur Konvention zum Schutz der Menschenrechte und Grundfreiheiten
zT	zum Teil
zust	zustimmen

Vorwort der Herausgeber

Der vorliegende Sammelband enthält Beiträge zu aktuell besonders relevanten (alten und neuen) Grundfragen im Arbeitsverhältnis. *Wolfgang Kozak* (Wien) untersucht aus Anlass aktueller höchstgerichtlicher Rechtsprechung Grundlagen, Grenzen und Folgen des (eines) Rechts auf Beschäftigung im Arbeitsverhältnis. *Elias Felten* (Salzburg) behandelt Fragen der Entgelttransparenz im Arbeitsverhältnis, die sich besonders vor dem Hintergrund der neuen Entgelttransparenz-Richtlinie der Europäischen Union in Zukunft in der Arbeitswelt vermehrt stellen werden. Und *Reinhard Resch* (Linz) untersucht das Phänomen der langfristigen Arbeitskräfteüberlassung im Lichte nationaler und unionsrechtlicher Vorgaben zur Leiharbeit, das in jüngerer Zeit vermehrt den EuGH beschäftigt hat.

Die Beiträge gehen auf Vorträge zurück, die im Rahmen des 50. Praktikerseminars am 24.11.2023 an der Universität Klagenfurt bei einer gemeinsamen Veranstaltung von Arbeiterkammer Kärnten und dem Institut für Rechtswissenschaft der Universität Klagenfurt gehalten wurden. Besonderer Dank gebührt der Arbeiterkammer Kärnten für die Förderung der Veranstaltung und die aktive Mitarbeit an der Konzeption und Durchführung der Tagung.

Wien/Klagenfurt, im März 2024

Christoph Kietaibl
Maximilian Turrini

Vorwort der AK Kärnten

Die Praktiker:innenseminare der Arbeiterkammer Kärnten in Kooperation mit der Alpen-Adria-Universität Klagenfurt greifen aktuelle Fragestellungen der Arbeitswelt auf. Es ist mir wichtig, dass Menschen, viele davon in betriebsrätlicher Funktion, für die ein aktueller Kenntnisstand im Arbeitsrecht unabdingbar ist, auf dem Laufenden sind und eine optimale Beratung und Vertretung der Kärntner Arbeitnehmer:innen gewährleisten können. Mit diesem Praktiker:innenseminar haben wir eine Plattform für praktische und theoretische Zugänge geschaffen und führen diese zusammen.

Am 24. November 2023 konnten wir mit dem 50. Praktiker:innenseminar Arbeitsrecht ein Jubiläum begehen. Bereits seit 25 Jahren besteht diese inzwischen über die Grenzen Kärntens bekannte Veranstaltung. Inzwischen zählen namhafte Personen aus Justiz, Anwaltei und Wissenschaft zu unseren regelmäßigen Gästen. Die Möglichkeit, auch via Livestream der Veranstaltung beizuwohnen, hat das Angebot noch attraktiver gemacht. Im Rahmen des Jubiläumsseminars wurden fundamentale Rechtsfragen zu Themen wie Entgelttransparenz, Recht auf Beschäftigung und langfristige Arbeitskräfteüberlassung behandelt.

Besonders freut es mich, dass mit Univ.-Prof. Dr. Reinhard Resch einer der Gründer dieser Veranstaltung als Vortragender zur Verfügung stand.

Im Namen der Arbeiterkammer Kärnten bedanke ich mich beim Institut für Rechtswissenschaft an der Alpen-Adria-Universität Klagenfurt sowie bei Prof. Christoph Kietaibl von der Wirtschaftsuniversität Wien für die hervorragende Kooperation. Ich bin zuversichtlich, dass diese Veranstaltung auch in Zukunft wichtige Rechtsfragen für jene Kolleg:innen, die in den Betrieben die Einhaltung arbeitsrechtlicher Regelungen zu überwachen haben, praxisnah beantwortet.

Ad multos annos!

Günther Goach
Präsident der Arbeiterkammer Kärnten

Mag. Dr. Wolfgang Kozak
Kammer für Arbeiter und Angestellte für Wien

Recht auf Beschäftigung

1. Einleitung

Das Recht auf Beschäftigung im Arbeitsverhältnis ist eines jener Themen, bei denen die Ergebnisse der Judikatur gegenüber den Ansichten des Schrifttums scheinbar beständig voneinander abweichen. Zusätzlich handelt es sich um einen Bereich, in welchem gerichtliche Auseinandersetzungen durchaus emotional geführt werden und sonst im Arbeitsrecht nicht vorkommende Rechtsbehelfe, wie jener der einstweiligen Verfügung, regelmäßig bemüht werden. Kontrovers diskutiert wird neben gesetzlichen Regelungen, die bereits ein Recht auf Beschäftigung vorsehen, ob in der österreichischen Arbeitsrechtsordnung ein allgemeines Recht auf Beschäftigung zu verorten ist und auf welcher Grundlage dieses basiert. Ausgehend von der zivilrechtlichen Frage, ob eine Abnahmeverpflichtung des Käufers gegenüber dem Verkäufer besteht, entwickelte sich im Arbeitsrecht die Diskussion, inwieweit eine „Abnahmeverpflichtung" des AG, also ein durchsetzbares Recht auf Beschäftigung im Arbeitsrecht besteht.[1] Soweit ersichtlich wurde die Diskussion ob der Existenz noch nicht auf freie Dienstverhältnisse ausgedehnt. Wesentliches Argument dafür erscheint mir, dass die aufgrund des Vertragstypus persönliche Abhängigkeit (Einbindung in die betriebliche Organisation, persönliche Weisungsgebundenheit, persönliche Arbeitspflicht, Kontrollunterworfenheit und disziplinäre Verantwortlichkeit)[2] für das reguläre Vorliegen eines freien Dienstvertrages gerade nicht überwiegend gegeben sein darf, also typischerweise entweder keine persönliche Leistungspflicht des freien Dienstnehmers oder die Möglichkeit, einzelne Aufträge abzulehnen, besteht. Nach ständiger Judikatur sind lediglich jene arbeitsrechtlichen Regelungen, die nicht dem Schutz der schwächeren Vertragspartei – also dem AN – dienen, auf den freien Dienstvertrag anwendbar.[3] Geht man nun mit *Löschnigg* davon aus, dass durch die Fürsorgepflicht auch die Persönlichkeit des AN geschützt ist, und die Fürsorgepflicht dem arbeitsrechtlichen Schutzprinzip entspringt,[4] so wäre die maßgebliche Grundlage eines allgemeinen Rechts auf Beschäftigung (siehe unten) gem der ständigen Rechtsprechung des OGH der Anwendung arbeitsrechtlicher Normen auf freie Dienstverhältnisse gerade nicht anwendbar. Inwieweit eine Veränderung der Anspruchsgrundlage weg von § 1157 ABGB hin zu § 16 ABGB, die als „Zent-

1 Vgl die zusammenfassende Anführung von Brodil in DRdA 2007, 482 (477) E-Bespr.
2 Vgl *Drs*, Arbeits- und Sozialrecht[7] (2023) 26.
3 *Löschnigg*, Arbeitsrecht[13] (2018) Rz 4/025.
4 *Löschnigg*, Arbeitsrecht[13] (2018) Rz 6/308, 6/311.

ralnorm" der Möglichkeit der persönlichen Entfaltung und Bewahrung der Eigenständigkeit dient,[5] zu einem allgemeinen Recht auf Beschäftigung im Rahmen des freien Dienstverhältnisses führt, ist höchst unsicher. Es wird daher im Weiteren nur mehr auf das Recht der Beschäftigung in Zusammenhang mit einem Arbeitsverhältnis eingegangen.

2. Grundlagen

2.1. Die Voraussetzung des Vorliegens eines Arbeitsvertrages

Damit der Anspruch auf ein Recht auf Beschäftigung überhaupt thematisiert werden kann, ist notwendige Voraussetzung, dass ein gültiger Arbeitsvertrag besteht, der den AG zur Zulassung einer expliziten Tätigkeit verpflichtet. So entfaltet die Ausgestaltung der fachlichen Arbeitspflicht, des Aufgabengebietes im Rahmen der Betrachtung des Rechts auf Beschäftigung insofern eine janusköpfige Gestalt, dass sich bei geeigneter Vereinbarung als Pendant zur Festlegung der verpflichtend zu verrichtenden Tätigkeit ein Recht, diese zu verrichten, bereits aufgrund der Vertragsgestaltung ergeben kann. Enthält der Arbeitsvertrag für den AG die Möglichkeit, das Aufgabengebiet des AN einseitig durch direktionale Weisung zu verändern, kann dies gegen eine Zusicherung der Verrichtung einer expliziten Tätigkeit und somit gegen ein Recht auf Beschäftigung aus dem Arbeitsvertrag sprechen, wie noch zu zeigen ist.

2.2. Soziales Grundrecht versus Recht aus dem Arbeitsvertrag

Unterschieden werden muss ein im Einzelfall bestehendes Recht auf Beschäftigung im Rahmen des Arbeitsverhältnisses zu einem „generellen" Recht auf Arbeit, das typischerweise verfassungsrechtlich garantiert ist.[6] Ein erzwingbares durchsetzbares Recht gegenüber dem Staat konnte sich aber nicht etablieren, vielmehr sieht auch die Europäische Sozialcharta (ESC) unter dem Titel „Recht auf Arbeit",[7] „lediglich" Programme zur Stabilisierung des Beschäftigungsstandes oder

---

5 Vgl *Brodil/Dullinger* in *Kozak* (Hrsg), ABGB und Arbeitsrecht (2019) § 16 Rz 2f.
6 Vgl *Löschnigg*, Arbeitsrecht[13] (2018) Rz 6/022.
7 *Löschnigg*, Arbeitsrecht[13] (2018) Rz 6/023.

Einrichtungsgarantien für eine unentgeltliche Arbeitsvermittlung vor. Nach *Pacic* enthält Art 1 ESC *„ein wirksames, ausübbares Recht auf Zugang zum Arbeitsmarkt"*.[8]

Es ist also das „Recht auf Arbeit" gegenüber dem „Recht auf Beschäftigung", welches individuellen Personen das Recht der Verrichtung einer bestimmten Tätigkeit zusichert, zu unterscheiden. Im Folgenden wird nur auf letzteres, also das Anrecht eine bestimmte Tätigkeit entweder gegen den Willen des Vertragspartners zu verrichten oder, was ebenfalls zu einer Verpflichtung führen kann, die Möglichkeit der Ausführung dieser Tätigkeit bereit zu halten oder zu schaffen, eingegangen.

Hier bietet nunmehr das Unionsrecht einen weitergehenden Ansatz, was die Einordnung eines Rechts auf Beschäftigung betrifft. Die Überschrift zu Art 15 Grundrechtecharta der europäischen Union (GRC) lautet zwar *„Berufsfreiheit und Recht zu arbeiten"*, aber die Bedeutung eines Rechts zu arbeiten, also tätig zu sein, weist jedenfalls mehr auf ein Recht auf Beschäftigung als auf ein allgemein gehaltenes Recht auf Arbeit hin. Art 15 Abs 1 vermittelt weiters die Erkenntnis, dass durch die Teilnahme am Berufsleben am wirtschaftlichen, kulturellen und sozialen Leben durch diese Person teilgenommen wird.[9]

Betrachtet man nun Abs 2 dieser Bestimmung der GRC, so verbrieft die Charta die für die gegenständliche Fragestellung relevante Grundfreiheit der Arbeitnehmerfreizügigkeit iVm Art 51 GRC, die jedenfalls im Rahmen der Prüfung eines Rechts auf Beschäftigung auch in Betracht zu ziehen ist.

Richtet man nun den Fokus auf das innerstaatliche Recht, so kann ein Recht auf Beschäftigung entweder direkt oder indirekt auf gesetzliche Grundlagen zurückgeführt werden. Eine Begründung durch Kollektivvertrag bis hin zum Einzelvertrag ist durch ausdrückliche Normierung möglich, auch wenn die aktuelle Judikatur zum Recht auf Beschäftigung des Theaterarbeitsgesetzes (TAG)[10] den geneigten Rechtsanwender zur Vorsicht mahnt. Die Gretchenfrage bei diesem Thema liegt aber darin, ob ein allgemeines Recht auf Beschäftigung in der österreichischen Rechtsordnung besteht.

---

8 *Pacic*, Revidierte Europäische Sozialcharta in Österreich, Deutschland und Ungarn, ALJ 2022 (6.11.2023, rdb.at).

9 Siehe auch *Bezemek* in *Holoubek/Lienbacher*, GRC-Kommentar Rz 4 (Stand 1.5.2014, rdb.at).

10 OGH 23.02.2023, 8 ObA 94/22i; RS0123328.

Die Ablehnung eines generellen Rechts auf Beschäftigung folgt der Argumentation einer zivilrechtlichen Dogmatik, die hinsichtlich des Kaufvertrages entwickelt wurde. Diese besagt, dass grundsätzlich keine Abnahmepflicht außer bei einem zu den festgelegten Rechtsfolgen des Annahmeverzugs hinausgehenden Interesses des Gläubigers besteht.[11] Der Rückgriff auf den Kaufvertrag kann aber hinsichtlich des Vorliegens eines Dauerschuldverhältnisses und der zu beachtenden individuellen persönlichen gegenseitigen Berücksichtigungspflichten (Fürsorgepflicht versus Treuepflicht) als nicht tauglich bewertet werden. So weist *Felten* in seiner Kommentierung zu § 1153 ABGB darauf hin, dass gerade die persönliche Arbeitspflicht im Rahmen des Arbeitsvertrages die personenbezogene Bedeutung aufzeigt.[12]

Weiters bestünde durch die Entgeltfortzahlung aufgrund § 1155 ABGB lediglich ein Anrecht des AN auf Zahlung des Entgeltes. Inwieweit § 1155 ABGB aber hier herangezogen werden kann, der ja jene Fälle regelt, bei welchen durch arbeitgeberseitige Umstände die Arbeitsleistung unterbleibt, ist zweifelhaft. [13] Lediglich in Einzelfällen – bei Bestehen besonders schutzwürdiger Interessen –[14] haben die Gerichte ein Recht auf Beschäftigung außerhalb einer gesetzlichen Regelung angenommen, dies aber als konkludenten Ausfluss der jeweiligen Natur des Arbeitsvertrages.[15]

Auch ein Blick nach Deutschland zeigt, dass das Sozialstaatsprinzip von Art 20 Abs 1 deutsches Grundgesetz (GG) kein Recht auf Arbeit oder zu einer Verschaffung irgendeines Arbeitsplatzes enthält, wiewohl als (ein) Ziel der Bestimmung die Bekämpfung der Arbeitslosigkeit zu entnehmen ist.[16] Anders hingegen gestaltet sich die Rechtsordnung bei einem Recht auf Beschäftigung: Hier wird aufgrund Art 1 Abs 1 GG ein allgemeines Recht auf Beschäftigung angenommen, so dass selbst im Rahmen der Kündigungsfrist eine arbeitgeberseitige Dienstfreistellung unzulässig ist.[17]

---

11 *Aicher* in *Rummel/Lukas*, ABGB[4] § 1062 Rz 27 (Stand 1.5.2017, rdb.at); *Felten* in *Rummel/Lukas/Geroldinger*, ABGB[4] § 1153 Rz 21 (Stand 1.8.2022, rdb.at).

12 *Felten* in *Rummel/Lukas/Geroldinger*, ABGB[4] § 1153 Rz 23 (Stand 1.8.2022, rdb.at).

13 Vgl dazu *Felten* in *Rummel/Lukas/Geroldinger*, ABGB[4] § 1157 Rz 88 (Stand 1.8.2022, rdb.at).

14 *Pfeil* in *Schwimann/Kodek* (Hrsg), ABGB Praxiskommentar[4] (2014) zu § 1153 ABGB Rz 36.

15 Siehe *Schrammel* in *Fenyves/Kerschner/Vonkilch* (Hrsg), ABGB[3] § 1153 Rz 29f.

16 *Deinert* in *Deinert/Heuschmid/Zwanziger* (Hrsg), Arbeitsrecht[10] (2019) § 1 Rz 12.

17 *Helm* in *Boecken/Düwell/Diller/Hanau* (Hrsg), Gesamtes Arbeitsrecht II[2] (2023) § 611a BGB Rz 907, 912.

2.3. Allgemeines Recht auf Beschäftigung

Bereits 1991 fasste *Resch* den Meinungsstand des Schrifttums zu einem allgemeinen Recht auf Beschäftigung zusammen,[18] die bis heute als gültig anzusehen ist: So könne für den Fall einer (andauernden) Nichtbeschäftigung *„der Verlust der Qualifikation“* eintreten sowie diese ganz allgemein *„eine Ehrenkränkung“* bzw einen *„Eingriff in die Persönlichkeitsrechte“* darstellen. Ebenso wurden aus heutiger Sicht wohl als Ausfluss der Persönlichkeitsrechte die Bedeutung der Arbeit als *„sinnvolle Lebensgestaltung, Selbstverwirklichung und Selbstbestätigung“* argumentiert.[19] Mit demselben Ansatz rekurrieren nach der Wiedergabe von *Resch, Spielbüchler* und *Aicher* auf den in der Fürsorgepflicht liegenden Persönlichkeitsschutz. *Resch* selbst greift auf Art 6 StGG, die Erwerbsfreiheit, zurück, indem er diese im Sinn einer Drittwirkung einer Erwerbsausübungsfreiheit als geschütztes Persönlichkeitsrecht auch im Rahmen eines Arbeitsvertrages als anwendbar ansieht.[20] Hier ist aber zu beachten, dass Art 6 StGG unter Gesetzesvorbehalt steht und der Gesetzgeber abweichende Gewichtungen durch einfachgesetzliche Regelungen vornehmen kann.[21] Von den geschützten Persönlichkeitsrechten ist auch das Recht auf Selbstverwirklichung, sinnvolle Lebensgestaltung und Selbstbestätigung umfasst.[22] In diesem Sinne ist auch die Diskussion zu sehen, dass Mobbing durch Nichtbeschäftigung (im Sinne einer *„konfliktbelastete Kommunikation am Arbeitsplatz unter Kollegen und Kolleginnen oder zwischen Vorgesetzten und Untergebenen [„Bossing“], bei der die angegriffene Person unterlegen ist und von einer oder mehreren Personen systematisch, oft und während längerer Zeit mit dem Ziel und/oder dem Effekt des Ausstoßes aus dem Arbeitsverhältnis direkt oder indirekt angegriffen wird und dies als Diskriminierung empfindet“*)[23] auch zu einem indirekten Recht auf Beschäftigung führen kann.[24] Der OGH äußerte sich nicht direkt in dieser Entscheidung dazu, da er nur scheinbar aus dem Schriftsatz des Klägers zitierte

---

18 *Resch*, Anmerkungen zur arbeitsrechtlichen Beschäftigungspflicht, DRdA 1991, 424ff mit weiteren Verweisen zum Meinungsstand.

19 Wiedergabe von Strasser, *W.*Schwarz und *Mayer-Maly* durch *Resch*, DRdA 1991, 427 (424).

20 *Resch*, DRdA 1991 430 (424).

21 Vgl *Berka*, Verfassungsrecht[8] (2021) Rz 1560.

22 So auch Löschnigg, der bei Universitätsprofessoren vom *„inneren Beweggrund zu forschen und zu lehren“* spricht: *Löschnigg*, Kein Recht auf Beschäftigung eines Universitätslehrers, JAS 2017, 208 (196).

23 OGH 3.5.2021, 8 ObA 12/21d Rz 12 unter Berufung auf RS0124076 [T8].

24 So *Lanner*, Recht auf Beschäftigung – bietet Mobbing eine „Hintertür“? RdW 2021, 492 (491).

und stimmte den Vorinstanzen zu, dass im relevierten Fall kein Mobbing vorlag, was eine weitere Beschäftigung mit der Rechtsfolge von Mobbing nicht notwendig machte.[25] Jüngst führt *Felten* an, dass allein aus der zwar typischen Entgeltlichkeit des Arbeitsvertrages, die aber gerade gem § 1152 ABGB nicht zwingend ist, nicht darauf geschlossen werden könne, dass ein Recht des AN lediglich auf Entgeltzahlung, aber nicht auf Beschäftigung bestehe.[26] Vielmehr bilde § 1153 ABGB durch die persönliche Arbeitspflicht die personenbezogene Bedeutung der Arbeit ab, ein Rekurrieren auf die Fürsorgepflicht sei deshalb nicht notwendig.[27] Da aber auf das Recht auf Beschäftigung wie auch auf die Erfüllung der persönlichen Arbeitsverpflichtung verzichtet werden könne, müssten nach *Felten* im Rahmen eines Streites über eine tatsächliche Beschäftigung entweder der AN oder der AG die jeweilig überwiegenden Interessen beweisen.[28]

Nicht vergessen werden darf, dass sich auch aus den Grundsätzen des Diskriminierungsrechts – Diskriminierung kann jedenfalls als wesentliche Verletzung des Persönlichkeitsrechtes der betroffenen Person angesehen werden – ein Recht auf (diskriminierungsfreie) Beschäftigung ergibt. Liegt die verpönte Diskriminierung etwa in einer der Vergleichsgruppe abweichenden Nichtbeschäftigung, kann die diskriminierungsfreie Abwicklung des Arbeitsverhältnisses klagsweise geltend gemacht werden.[29] Ohne diese Möglichkeit wäre auch eine Bekämpfung einer diskriminierenden Kündigung im Sinne des Unionsrechts nicht effektiv, wenn der AG nach Aufhebung der Kündigung durch das Gericht sanktionsfrei – noch dazu unter Anwendung der Anrechnungsbestimmungen von § 1155 ABGB[30] – AN dienstfrei stellen könnte.

Aus dem Befund, dass der Gesetzgeber nur in einem Einzelfall ein Recht auf Beschäftigung geregelt hat, obwohl ein generelles Regelungsbedürfnis gegeben sei, und deshalb das allgemeine Recht auf Beschäftigung als Lückenschließung gesehen werden könne, überzeugt indes weniger,[31] da ein generelles Regelungsbedürf-

---

25 OGH 3.5.2021, 8 ObA 12/21d.

26 *Felten* in *Rummel/Lukas/Geroldinger*, ABGB[4] § 1152 Rz 3 (Stand 1.8.2022, rdb.at).

27 *Felten* in *Rummel/Lukas/Geroldinger*, ABGB[4] § 1153 Rz 21 (Stand 1.8.2022, rdb.at).

28 *Felten* in *Rummel/Lukas/Geroldinger*, ABGB[4] § 1153 Rz 23 (Stand 1.8.2022, rdb.at); zur gerichtlichen Durchsetzung im Ergebnis vergleichbar: *Resch*, DRdA 1991 430f (424).

29 Vgl dazu nur *Trost*, Recht auf Beschäftigung (nicht) einklagbar? DRdA 2023, 420 (416) E-Besprechung zu 8 ObA 94/22i.

30 Vgl dazu OGH 27.9.2023, 9ObA52/23x.

31 aA *Zaversky*, Dienstzeugnis, sexuelle Belästigung, Recht auf Beschäftigung, JAS 2023,69 (52) EAnm zu OGH 8 ObA 6/21x.

nis von Rechtsunterworfenen allein noch nicht zur Planwidrigkeit einer Nichtregelung führt und somit bereits die Grundlage für eine Analogie fehlt.[32]

Im Gegensatz zur österreichischen Rechtsauffassung bejaht das deutsche Bundesarbeitsgericht (BAG) einen allgemeinen Anspruch der AN auf vertragsmäßige Beschäftigung innerhalb eines bestehenden Arbeitsverhältnisses.[33] Dieser Anspruch wird neben gesetzlichen Grundlagen des deutschen BGB[34] auf das allgemeine Persönlichkeitsrecht des AN aufgrund Art 1 Abs 1f GG gestützt. Die Ausübung der Tätigkeit wird daher als Verwirklichung der Persönlichkeit angesehen, womit eine einseitige Freistellung im ungekündigten Arbeitsverhältnis nach deutschem Recht nicht möglich ist und der Beschäftigungsanspruch auch während der Kündigungsfrist gegeben ist.[35]

2.4. Recht auf Beschäftigung im Unionsrecht?

Fraglich ist auch, inwieweit das Recht zur Arbeit in der nationalen Auffassung als Recht auf Beschäftigung der Grundrechtecharta der Union (GRC) unmittelbar in der österreichischen Rechtsordnung Anwendung findet. *Windisch-Graetz* sieht im Zusammenhang mit der Arbeitnehmerfreizügigkeit einen solchen Anwendungsbereich des Art 15 GRC iVm Art 51 GRC. Eine unmittelbare Rechtsentfaltung, die auch private AG verpflichtet, ist daher dann gegeben, wenn die tatsächliche Nichtbeschäftigung des AN zu einer unverhältnismäßigen Beschränkung der AN-Freizügigkeit führt und Art 15 GRC derart verstanden wird, dass dieser auch die persönliche Entfaltung und soziale Teilhabe im Arbeitsleben schützt.[36] Fraglich ist daher nun, in welchen Bereichen bzw bei welchen Sachverhalten das Unionsrecht nun eine Rechtsgrundlage bieten könnte. Geht man nun davon aus, dass nach Ansicht des EuGH eine Verletzung der Arbeitnehmerfreizügigkeit auch schon dann gegeben ist, wenn die Person durch die nationale Rechtslage gehindert sein könnte, die Arbeitnehmerfreizügigkeit in Anspruch zu nehmen,[37] verbreitet sich der Anwendungsbereich bereits merklich. Grosso modo drängen

---

32 *Kozak* in *Kozak* (Hrsg), ABGB und Arbeitsvertragsrecht (2019) § 7 Rz 3.

33 *Becker* in *Deinert/Heuschmid/Zwanziger* (Hrsg) Arbeitsrecht[10] (2019) § 55 Rz 3.

34 §§ 611, 613 und 242 BGB.

35 *Becker* ebenda; *Helm* in *Boecken/Düwell/Diller/Hanau* (Hrsg), Gesamtes Arbeitsrecht[2] (2023) § 611a BGB Rz 95.

36 Vgl *Windisch-Graetz*, Lässt sich aus Art 15 GRC ein Recht auf tatsächliche Beschäftigung ableiten? in *Kietaibl/Mosler*/Pacic (Hrsg), GS Rebhahn (2019) 649ff, insb 656.

37 Vgl EuGH 5.12.2013, Rs C-514/12, ECLI:EU:C:2013:799 Rz 34.

sich Sachverhalte im Sport, wie der Einsatz in Kampfmannschaften oder der internationale Kunstbetrieb auf: Wechselt ein Fußballer Verein und Land und wird anschließend weder zum Training der Kampfmannschaft noch zu deren Spielen zugelassen, ohne diese Beschäftigung durchsetzen zu können, bzw wechselt eine Balletttänzerin innerhalb der Union zu einem anderen Theaterunternehmen in einem anderen Mitgliedstaat und wird dann sanktionslos nicht bei Aufführungen eingesetzt, kann die fehlende Durchsetzungsmöglichkeit als Einschränkung der Arbeitnehmerfreizügigkeit interpretiert werden. Das Fehlen jeglicher Rechtschutzmöglichkeiten der Durchsetzung eines Rechts auf Beschäftigung müsste dann den allgemeinen Kriterien der Rechtfertigung der Einschränkung der Arbeitnehmerfreizügigkeit unterworfen werden. In dieser Rechtfertigungsprüfung werden die Legitimität des Zwecks der Einschränkung, die Tauglichkeit und Verhältnismäßigkeit der eingesetzten Mittel untersucht. Das Fehlen jeglichen durchsetzbaren allgemeinen Rechts auf Beschäftigung kann mE als unverhältnismäßig angesehen werden, da nur AG-Interessen unabhängig von deren Gewichtigkeit berücksichtigt würden. Es würde daher zumindest ebenfalls im Rahmen einer Verhältnismäßigkeitsprüfung eine Interessenabwägung vorgenommen werden müssen.

2.5. Die Rechtsprechung

Typischerweise wird ein Prozess, bei dem es um die Durchsetzung einer tatsächlichen Beschäftigung im Arbeitsverhältnis geht, im Zusammenhang mit der Bekämpfung einer arbeitgeberseitigen Beendigung geführt. Um bereits in einem frühen Stadium den Einsatz durchzusetzen, wird das Sicherungsmittel der einstweiligen Verfügung herangezogen. Über eine einstweilige Verfügung bis zur Entscheidung im Hauptprozess jedoch eine Durchsetzung der Beschäftigung zu erreichen, gilt als hohe Kunst der Prozessführung und stellt keinen „Selbstläufer" dar.[38]

Grundsätzlich wird in ständiger Judikatur die Existenz eines allgemeinen Rechts auf Beschäftigung verneint. Der OGH erkennt jedoch, dass in Einzelfällen ein solcher Anspruch gegeben sein könnte. Dies sei bei Verlust von berufsrechtlichen Berechtigungen der Fall. Im Zusammenhang mit der Entlassung eines Piloten beschäftigte sich das Höchstgericht mit einem Einsatzrecht des AN und kam

---

38 Vgl *Kodek*, Einstweilige Verfügungen im Arbeitsrecht, in *Kozak* (Hrsg), Arbeitsrecht in der Coronakrise (2022) 58.

zum Schluss, dass eine Interessenabwägung zu treffen wäre zwischen jenen des AG, den Piloten nicht einzusetzen, und jenen der Lizenzerhaltung des AN. Letztendlich musste das Höchstgericht diese Abwägung aber nicht vornehmen, da zum Entscheidungszeitpunkt die Flugberechtigung bereits abgelaufen war.[39]

Ebenso überlegte der OGH ein Anrecht auf Beschäftigung, wenn dem betroffenen AN grobe Nachteile drohen, wenn die Leistung nicht erbracht werden kann. Dieser grobe Nachteil kann in einer fehlenden Integration in einer Sportmannschaft oder im Verlust einer Geschicklichkeit oder der Minderung des wirtschaftlichen Wertes des AN am Arbeitsmarkt begründet sein.[40] Im Zusammenhang mit dem Einsatz eines Berufsfußballers in der Kampfmannschaft entschied der OGH, bevor spezielle Regelungen im Branchenkollektivvertrag verankert wurden, dass die oben angesprochene Interessenabwägung dazu führe, dass ein Anspruch auf Teilnahme beim Training, aber nicht bei den Wettkämpfen bestehe.[41]

Ebenso kann ein Eingriff in die renommierte Position durch Dienstfreistellung während der einjährigen Kündigungsfrist ein Recht auf Beschäftigung in dieser Position auslösen. Diesfalls ging es um einen Gefäßchirurgen, der die Stellung eines Primararztes innehatte und aufgrund seines Führungsstils dienstfreigestellt wurde.[42]

ME muss die Entscheidungspraxis des OGH, dass jene AN, die eine Karenz gem MSchG/VKG angetreten haben oder eine Teilzeitbeschäftigung nach diesen Bestimmungen in Anspruch nehmen, das Anrecht auf Wiederverrichtung bzw Weiterverrichtung der bisherigen Tätigkeit haben,[43] ebenfalls als Ausfluss eines Rechts auf Beschäftigung – hier aufgrund einer vom Gesetzgeber besonders geschützten Lebensphase – gesehen werden.

2.5.1. Durchsetzungsproblematiken

Für die Durchsetzung eines Rechts auf Beschäftigung ist das Vorliegen eines aufrechten Arbeitsverhältnisses – das dem Recht auf Beschäftigung zugeordnet wer-

---

39 OGH 9 ObA 2247/96y.

40 Entscheidung zu einer Tätigkeit eines Neurochirurgen: OGH 8 ObA 202/02t; zum Berufsfußballer: OGH 9 ObA 121/06v.

41 Vgl die Wiedergabe bei *Kodek*, Einstweilige Verfügungen, 20f.

42 OGH 9 ObA 2263/96a.

43 Siehe FN 78ff.

den kann – nach der ständigen Rechtsprechung unabdingbar. So traf der OGH im Fall einer Universitätsdozentin keine Aussage über das Vorliegen eines Rechts auf Beschäftigung im Sicherungsverfahren, da das Arbeitsverhältnis zum Zeitpunkt der Entscheidung (eine Kündigungsanfechtung war noch nicht entschieden) nicht mehr bestand, hielt aber fest, dass Aufgaben aus einer venia docendi und einem Arbeitsvertrag zu unterscheiden sind.[44]

Ebenso ist im Sicherungsverfahren der Nachweis eines unwiederbringlichen Schadens zu bescheinigen, was im Fall eines Universitätsprofessors nicht gelungen ist, da der OGH bei geistigen Tätigkeiten und der Unterbrechung von Labortätigkeiten die Bescheinigung des unwiederbringlichen Schadens als nicht gegeben sah. Insbesondere stellten Schäden Dritter (jene der Studenten, die der Professor nicht mehr unterrichten konnte) keine Grundlage für die Erlassung einer einstweiligen Verfügung dar. Über das Recht auf Beschäftigung eines Universitätsprofessors traf das Höchstgericht daher keine Aussage.[45]

Zusammenfassend muss daher konstatiert werden, dass der OGH in weniger Fällen als es scheint Aussagen über die Existenz eines Rechts auf Beschäftigung bei speziellen Sachverhalten getroffen hat, grosso modo aber, falls ein Fall eines Anrechts auf tatsächlichen Einsatz angenommen wird, die Interessenabwägung über das Bestehen dieses Anspruches entscheidet.

2.6. Normative Regelungen eines Rechts auf Beschäftigung

Das Recht auf Beschäftigung kann durch den Gesetzgeber oder durch Kollektivverträge direkt angeordnet werden, es kann sich aber auch indirekt zB durch eine Ausbildungspflicht ergeben, die im Wege eines Lehrvertrages oder auch eines Vertrages mit einem Rechtsanwaltsanwärter eingegangen wurde.

2.6.1. § 18 Theaterarbeitsgesetz

Das Theaterarbeitsgesetz (TAG) ist das Sonderrecht für AN, die einen künstlerischen Fachberuf bei einem Theaterunternehmer ausüben. Bereits seit 1922 existiert dieses Arbeitssonderrecht, das früher den Titel Schauspielergesetz (SchSpG) trug. Aufgrund der Spezifika der Arbeitsverhältnisse im Rahmen der Aufführung

---

44 OGH 9 Oba 44/11b.
45 OGH 9 ObA 51/16i.

von Bühnenwerken hat sich ein Sonderrecht etabliert, das als Normalfall des Bühnenarbeitsverhältnisses Kettenbefristungen vorsieht. Das Bühnendienstverhältnis wird durch eine sog „Nichtverlängerungserklärung“ beendet, die als Erklärung angesehen wird, keinen Vertrag mehr abschließen zu wollen, worauf es zu einem Fristablauf kommt.[46] Diese Nichtverlängerungserklärung unterliegt nicht dem allgemeinen Kündigungsschutzrecht. Das TAG enthält aber – quasi als Ausgleich – ein gesetzliches Recht auf Beschäftigung des Bühnenmitglieds.[47] Dieses steht unter einem Vorbehalt der Angemessenheit und hat somit zweiseitige Schutzwirkung: Zum einen soll der Theaterunternehmer in der Besetzung seiner Stücke nur gemäß den bisherigen, von diesem selbst organisierten Einsätzen gebunden sein, zum anderen soll das Mitglied vor einer künstlerischen oder körperlichen Überforderung durch eine Besetzung nach der Einforderung der Beschäftigungspflicht geschützt sein. Was angemessen ist, wird grosso modo eine Abwägungsfrage darstellen. Es ist daher zu konstatieren, dass gegenständliche Rechteeinräumung keinesfalls ein absolutes Recht darstellt, sondern einer Interessenabwägung unterliegt. Die Eckpunkte dieser Interessenabwägung gibt der Gesetzgeber selbst vor, indem er zum einen auf die vertragliche Leistungsverpflichtung des Künstlers sowie dessen persönliche Eigenschaften und (gemeint wohl: künstlerische) Fähigkeiten Bezug nimmt, zum anderen die Interessen des Bühnenunternehmens gewahrt wissen mag, da auf die Art der Führung des Betriebes Bedacht zu nehmen ist.[48] Dadurch ergibt sich, dass das Beschäftigungsrecht im Bühnenbereich im Zusammenhang mit der sonstigen Führung des Betriebes und den Interessen des Bühnenunternehmens zu sehen ist und somit eine Interessenabwägung vorgenommen werden muss, je nachdem, in welchem Bereich ein Beschäftigungsrecht wahrgenommen bzw durchgesetzt werden soll. Wenn nun bspw ein Schauspieler, der in einem Strafverfahren der Belästigung von Kindern beschuldigt wird, eine Rolle in einem Stück spielt, welchem auch Kinderschauspieler vorkommen, wird für diese Aufführung(sserie) ein Recht auf Beschäftigung wohl nicht bestehen, da der Bühnenunternehmer verpflichtet ist, zum einen die Schutzinteressen der Kinder zu wahren, zum anderen aber auch seine Interessen im Zusammenhang mit der Führung der Bühnen in diesem sensiblen Punkt keine negative Öffentlichkeitswirksamkeit gewärtigen zu müssen. Ohne Schuldspruch oder öffentliches Geständnis des betroffenen Schauspielers wird diesem aber in anderen Stücken, wo eine solche Gefährdungslage nicht vorliegt, die Beschäftigung ermöglicht wer-

46 Vgl *Kozak/Balla/Zankl*, TAG, § 27 Rz 670 ff.

47 § 18 Abs 1 TAG.

48 Vgl *Worsch*, Besonderheiten im Theaterarbeitsbereich (2018) 70.

den müssen, da auch ein anderes wichtiges Prinzip unserer Rechtsordnung nicht vernachlässigt werden darf, nämlich jenes der Unschuldsvermutung angeklagter Personen.[49]

Inwieweit aber § 18 TAG ein Recht auf tatsächlichen Auftritt begründet, war lange Zeit umstritten: Zentraler Punkt der Argumentation ist, dass § 18 Abs 2 TAG lediglich ein Austrittsrecht des Bühnenmitglieds nach wiederholter Aufforderung, den rechtmäßigen Zustand wiederherzustellen, mit einer Sonderreglung für eine Kündigungsentschädigung bei berechtigtem Austritt wegen nicht ausreichender Beschäftigung normieren würde. Über die Möglichkeit der Durchsetzung der Beschäftigung bei aufrechtem Bühnendienstverhältnis schweigt der Gesetzgeber jedoch, wie er dies bereits auch zur Vorgängerbestimmung des TAG, § 21 SchSpG, getan hat.[50]

Jüngst wurde der Meinungsstreit, ob § 18 TAG ein durchsetzbares Recht auf Beschäftigung im aufrechten Bühnendienstverhältnis begründet, durch den OGH entschieden.[51] Der OGH hält fest, dass die Beschäftigungspflicht des AG grundsätzlich gegen diesen mittels Klage durchsetzbar ist, aber die Besonderheit der Bestimmung des TAG darin bestehe, dass die normierte Rechtsfolge einer beharrlichen Verletzung des Rechts auf Beschäftigung „lediglich" in der Möglichkeit des (berechtigten) Austrittes des Bühnenmitglieds und der Geltendmachung von Schadensersatz liege.[52] Geht man nun davon aus, dass eine Beschäftigungspflicht nach den allgemeinen Grundsätzen die Sicherung der Persönlichkeitsrechte, unter die auch die künstlerische Entfaltungsmöglichkeit des künstlerischen Mitglieds fällt, schützt und somit auch in diesem Bereich die Persönlichkeitsentfaltung eine speziell gewichtige Rolle spielt, verwundert es nun sehr, dass eine Verletzung des Rechts auf Beschäftigung nur dazu führen soll, dass der betroffene AN gerade die Grundlage dieses Anspruchs, nämlich das Arbeitsverhältnis, vernichten soll. *Trost* führt hier als Beispiel an, dass bei einer theoretischen Wahlmöglichkeit des Rechteverletzers dieser sich immer für einen Schadensersatzanspruch aufgrund der minderen Belastung entscheiden würde (Schadensersatz statt Ausbildungsdurchführung etc).[53] So gesehen entspricht eine solche Rechtsauffassung dem Bild desjenigen, der den Ast, auf welchem er sitzt, durchsägt.

---

49 Art 6 Abs 2 EMRK i Vm § 8 StPO.

50 Vgl zum SchSpG: *Kozak/Balla/Zankl*, Schauspielergesetz (2007) 129 mwN.

51 OGH 23.2.2023, 8 ObA 94/22i.

52 Vgl *Trost*, Recht auf Beschäftigung (nicht) einklagbar? DRdA 2023, 416; *Hollaender*, Das Recht auf Beschäftigung im Bühnenbereich, ASoK 2023, 198 (196).

53 *Trost*, Recht auf Beschäftigung (nicht) einklagbar? DRdA 2023, 420 (416).

Zur Bekräftigung, dass ein Recht auf Teilnahme an der Probe bzw an der Aufführung nicht direkt durchsetzbar sein soll, zieht der OGH maßgeblich das Grundrecht der Kunstfreiheit heran, das grundsätzlich bis zur Etablierung von Art 17a StGG als Unterfall der Meinungsfreiheit gesehen wurde, die mE als Grundrecht neben der Freiheit politischer Meinungsbildung auch den Schutz der Persönlichkeitsentfaltung enthält. Da im Bereich der Kunstfreiheit sowohl der Theaterunternehmer und die ihm zurechenbaren Vertreter geschützt sind, aber auch das Bühnenmitglied im Rahmen seiner Kunstausübung den Schutz des Grundrechtes genießt, ist die vorhandene Grundrechtskollision durch eine notwendige Interessenabwägung der betroffenen Positionen aufzulösen. Es ist daher darauf abzustellen, in welchem Bereich der Konflikt angesiedelt ist, der zum nicht adäquaten Einsatz des Bühnenmitglieds führt. Liegt dieser in künstlerischen Konflikten in Zusammenhang mit den Anordnungen des künstlerischen Leiters von Aufführungen, wird es zulässig sein, das Bühnenmitglied nur dort einzusetzen, wo diese Konflikte nicht bestehen, also bei Aufführungen mit anderen künstlerischen Leitungen. Ist der Konflikt in anderen Bereichen entstanden, etwa durch die Betriebsratstätigkeit des Mitglieds, dann wird die Grundrechtsabwägung zugunsten des Mitglieds hinsichtlich der Teilnahme an den Proben und der Aufführung ausschlagen müssen. Die alleinige Zuweisung des Schutzbereiches von § 17a StGG an die Sphäre des Bühnenunternehmens ist daher verfehlt.

2.6.2. Kollektivvertraglich normiertes Beschäftigungsrecht

Da Inhalt des Arbeitsvertrages auch die Einräumung eines Rechtes auf Beschäftigung sein kann, ist jedenfalls anzunehmen, dass auch Kollektivverträge aufgrund § 2 Abs 2 Z 2 ArbVG ein solches statuieren können.[54] Die kollektivvertragliche Normwirkung einer solchen Regelung kann aber insofern in Frage gestellt werden, da der OGH die Regelungsbefugnis der Kollektivvertragsparteien nur für typische, wesentliche und regelmäßig wiederkehrende Inhalte eines Arbeitsverhältnisses gegeben sieht. *Mosler/Felten* kritisieren hier die Pauschalität der Aussage des OGH mE zu Recht, da typische Inhalte von Arbeitsverträgen branchenabhängig sind.[55] Kollektivverträge können daher in Spezialbereichen wie Sportarbeitsverhältnissen wesentlich von sonstigen „typischen" Inhalten abweichen, wenn diese

---

54 Dies ist dann anzunehmen, wenn keine Einzelfallregelung vorliegt, sondern die Mehrzahl der AN betroffen ist: *Mosler/Felten* in *Gahleitner/Mosler* (Hrsg), Arbeitsverfassungsrecht II^{6} (2020) § 2 Rz 31.

55 *Mosler/Felten*, AVR II^{6} (2020) § 2 Rz 48.

in den vom Geltungsbereich des Kollektivvertrags umfassten Branchen regelmäßig wiederkehrend vorkommen. Gerade für die in diesem Beitrag interessierenden Spezialgebiete des Arbeitsrechts und deren sachlichen Zusammenhang wird also eine Regelungskompetenz der Kollektivvertragspartner anzunehmen sein.[56]

In der Praxis findet sich im Bereich des Profifußballes im Kollektivvertrag für Fußballer/innen der Österreichischen Fußball-Bundesliga eine entsprechende Regelung. Unter dem Titel *„§ 9. Pflichten der Dienstgeber (Fußballklubs)"* wird neben einem ausdrücklichen Günstigkeitsvorbehalt einzelvertraglicher Regelungen das Recht auf Teilnahme am Mannschaftstraining normiert. Nicht präzisiert in diesem Kollektivvertrag ist jener Fall, bei dem der Klub mehrere Mannschaften, etwa eine Amateurmannschaft und eine Kampfmannschaft, führt. In der Entscheidung zur Erlassung einer einstweiligen Verfügung für eine Teilnahme am Training der Kampfmannschaft[57] konnte der OGH zwar noch nicht auf diese Bestimmung rekurrieren, da diese noch nicht in Geltung stand,[58] sondern die Rechtsfrage unter Berufung auf ein bestehendes (allgemeines) Recht auf Beschäftigung und der Teilnahme am vollen Trainingsbetriebs löste. In dieser Entscheidung lehnte das Gericht aber einen Spieleinsatz in der Kampfmannschaft ab.[59] Fraglich ist daher, wenn ein Spielervertrag auch Spielleistungen in der Amateurmannschaft vorsieht, inwieweit der Fußballklub seine Beschäftigungspflicht erfüllt, indem er den Spieler anweist, das Training nicht in der Kampfmannschaft, sondern der Amateurmannschaft zu absolvieren.

Bestimmungen bezüglich eines Rechts auf Beschäftigung finden sich auch in jenen Kollektivverträgen, die die Arbeitsverhältnisse der künstlerischen AN zu Theaterunternehmen regeln.[60] Diese normieren im inhaltlichen Gleichklang zu § 18 Abs 2 TAG, dass das Mitglied bei nicht angemessener Erfüllung der Beschäftigungspflicht ein Recht zum Austritt hat. Eine ausdrückliche Regelung, dass künstlerische Auftritte durchsetzbar sein sollen, findet sich hingegen in keinem Kollektivvertrag. Fraglich ist daher, ob es Kollektivvertragsparteien möglich ist, wenn man von einer durchsetzbaren Beschäftigungspflicht des AG ausgeht, ledig-

---

56 Vgl auch *Runggaldier* in *Brameshuber/Tomandl* (Hrsg) § 2 Rz 19.

57 OGH 1.2.2007, 9 ObA 106/06v.

58 Siehe *Schneider*, Durchwegs anerkannter Beschäftigungsanspruch im Professional-Fussball, Causa Sport 2017, 310 (308).

59 Zustimmend: *Brodil* in DRdA 2007, 482 (477) E-Bespr.

60 Inhaltlich grosso modo übereinstimmend, § 25 Abs 3 Wiener Bühnenverein, Bühnenmitglieder und Verwaltung (Rahmen), Vereinigte Bühnen Wien; § 25 Bühnenmitglieder und Verwaltung (Ang.) (Rahmen); § 27 Theatererhalterverband, Bühnenmitglieder (Rahmen).

lich die Beendigung und die Leistung eines Schadensersatzes in Form einer Kündigungsentschädigung vorzusehen. Geht man davon aus, dass eine Durchsetzung des Beschäftigungsrechtes aufgrund der Entfaltung der Persönlichkeit und der künstlerischen Betätigung für den betroffenen AN günstiger als der Erhalt einer Kündigungsentschädigung und die Unsicherheit des Auffindens einer neuen Beschäftigung ist, wird eine solche Norm wohl dem Günstigkeitsprinzip widersprechen und bei vorliegender fehlender Kollektivvertragsdispositivität[61] nichtig sein.

2.6.3. Ausbildungspflichten im Rahmen von Ausbildungsverhältnissen

Im Rahmen von Ausbildungsverhältnissen, die praktische Verrichtung von Tätigkeiten als Voraussetzung für die positive Absolvierung der Ausbildung vorschreiben, kann es in der Konsequenz für den von den jeweiligen für das Ausbildungsverhältnis Verantwortlichen zu einer (indirekten) Beschäftigungspflicht kommen. Als Paradebeispiel dafür kann das Lehrverhältnis gem dem Berufsausbildungsgesetz (BAG) gelten. Aus der Ausbildungspflicht von § 9 BAG folgt eine tatsächliche Beschäftigungspflicht des Lehrlings und typischerweise in Vollzeit.[62] Dieses Recht auf tatsächliche Beschäftigung gilt auch für den Fall des Abschlusses eines Arbeitsvertrages nach Ende der Lehrzeit für die Behaltezeit, da in dieser gem § 18 Abs 1 BAG eine Weiterverwendungspflicht im erlernten Beruf statuiert wird.[63]

Eine weitere, vergleichbare Bestimmung findet sich im Zusammenhang mit der Ausbildung von angehenden Rechtsanwälten, den Rechtsanwaltsanwärtern (RAA) in der Rechtsanwaltsordnung (RAO), nach der der Rechtsanwalt (RA) den RAA zu verwenden hat.[64] Da überdies nur jene Zeiten der praktischen Ausbildung, die hauptberuflich zurückgelegt wurden, anrechenbar sind, soweit diese Tätigkeit ausgeübt wird,[65] ist die Konsequenz dieser Regelungen (die eine Ausbildungspflicht darstellen), dass dies ebenfalls gemäß der Judikatur als durchsetzbares Recht auf Beschäftigung des RAA zu sehen ist.[66]

---

61 § 39 Abs 2 TAG; *Kozak/Balla/Zankl* TAG[2] (2010) § 39 Rz 1016.

62 *Preiss/Spitzl* in *Neumayr/Reissner*, ZellKomm[3] § 9 BAG Rz 5, 8 (Stand 1.1.2018, rdb.at); *Aust* in *Aust/Gittenberger/Knallig-Prainsack/Strohmayer*, Berufsausbildungsgesetz[2] (2017) § 9 Rz 24.

63 *Preiss/Spitzl* in *Neumayr/Reissner*, ZellKomm[3] § 18 BAG Rz 1, 9 (Stand 1.1.2018, rdb.at).

64 §2 RAO; *Zaversky*, Dienstzeugnis, JAS 2023, 60 (52).

65 § 2 RAO iVm § 21b RAO.

66 *B. Fink* in *Murko/Nunner-Krautgasser* (Hrsg), Anwaltliches und notarielles Berufsrecht (2022) § 21b RAO Rz 3.

In diesem Fall setzte der OGH jedoch ein Korrektiv in Form der Interessenabwägung zum Interesse der Nichtbeschäftigung des RA.[67] Inwieweit diese Interessenabwägung im Rahmen der Berufsausbildung, die bei Ausbildungen aufgrund des BAG vom Höchstgericht nicht angestrengt wurde, lediglich aufgrund der Besonderheiten des Einzelfalls angestrengt wurde oder in Zukunft eine Einschränkung für alle Ausbildungsverhältnisse darstellt, lässt sich derzeit noch nicht vorhersehen. Aufgrund der Entscheidung geht *Zaversky* jedenfalls von einem zwingenden Recht auf Beschäftigung für RAA und wegen der vergleichbaren Rechtslage (§ 118f Notariatsordnung) auch für Notariatsanwärter aus.[68]

2.6.4. Anti-Diskriminierungsrecht: Keine Schlechterbehandlung aufgrund geschützter Merkmale

Ebenso kann sich aufgrund der Rechtsfolgen der Beseitigung einer Diskriminierung eine Beschäftigungspflicht ergeben. So verbietet ua das GlBG jede Diskriminierung aufgrund des Geschlechts, der ethnischen Zugehörigkeit, der Religion oder der Weltanschauung, des Alters oder der sexuellen Orientierung in der Arbeitswelt. Dazu ist bei unmittelbaren Diskriminierungen zu beachten, dass eine solche Diskriminierung nicht gerechtfertigt werden kann.[69] Mittelbare Diskriminierungen spielen aber bei gegenständlichem Thema des Beitrags keine Rolle, da keine Normierung eines Rechts auf Beschäftigung in der österreichischen Rechtsordnung existiert, die nach dem äußeren Anschein eine neutrale Regelung darstellt, in ihren Auswirkungen aber eine Gruppe mit geschütztem Merkmal schlechterstellen würde.[70] Vielmehr sind jene Sachverhalte realistisch, bei denen das Gleichbehandlungsgebot im aufrechten Arbeitsverhältnis ua bei den sonstigen Arbeitsbedingungen direkt verletzt wird. Als Sanktion in solchen Fällen sieht das GlBG neben einem immateriellen Schadensersatz die Gewährung der gleichen, bisher vorenthaltenen Arbeitsbedingungen vor.[71]

---

67 OGH 17.12.2021, 8 ObA 6/21x.

68 *Zaversky*, Dienstzeugnis, JAS 2023, 68, 71 (52).

69 *Hopf/Mayr/Eichinger/Erler*, GlBG^2 (2021), § 5 Rz 35; *Rebhahn/Windisch-Graetz* in *Rebhahn/Windisch-Graetz* (Hrsg), GlBG^2 (2022) Einl Rz 6.

70 Vgl *Hopf/Mayr/Eichinger/Erler*, GlBG^2 (2021), § 5 Rz 9; *Rebhahn/Windisch-Graetz*, GlBG^2 (2022) Einl Rz 7.

71 Vgl § 3 Z 6 iVm § 12 Abs 6 sowie § 17 Abs 1 Z 6 iVm § 26 Abs 6 GlBG; *Hopf/Mayr/Eichinger/Erler* GlBG^2 (2021) § 3 Rz 133.

Der Tatbestand der sonstigen Arbeitsbedingungen gilt als Auffangtatbestand, der alle Umstände im Zusammenhang mit dem Arbeitsverhältnis, die das GlBG nicht ausdrücklich anführt, also auch den Einsatz in den vertraglich vereinbarten Tätigkeiten, umfasst.[72] Die verpflichtende Gleichbehandlung bei der Zuteilung von Arbeitsaufgaben ist daher aufgrund des GlBG normiert.[73] Kommt es nun zu einer diskriminierenden Arbeitszuteilung oder Freistellung – etwa weil die ethnische Zuschreibung zu einem Staat, der völkerrechtsverletzend Krieg führt, eine Dienstfreistellung auslöst –, kann die Wiederherstellung des diskriminierungsfreien Zustandes und somit die tatsächliche Beschäftigung im vorigen bzw gleichen Ausmaß wie in der Vergleichsgruppe verlangt werden.[74]

Diese Konsequenz aus dem Gleichbehandlungsgebot führt also zu einem indirekten Recht auf Beschäftigung, das nun anders als die aktuelle Judikatur zu § 18 TAG auch im Bereich des Bühnendienstverhältnisses seine Wirkung entfaltet.

Noch deutlicher wird dies etwa bei erfolgreich bekämpften Kündigungen, welche aus diskriminierenden Motiven ausgesprochen wurden: Würde eine Zulassung zur Verrichtung der Tätigkeit bei durch Urteil erzwungener Fortführung des Arbeitsverhältnisses verweigert werden, würde dadurch die Diskriminierung weiter fortgesetzt. Dieses verpönte Verhalten wäre daher in der Folge ebenfalls bekämpfbar.

2.6.5. Besonderer arbeitsrechtlicher Bestandsschutz – Benachteiligungsverbot der Betriebsverfassung

Fraglich ist auch, ob nicht arbeitsrechtliche Bestandsschutznormen ein indirektes Recht auf Beschäftigung enthalten. Hier sind jene Bereiche zu untersuchen, in denen eine Beendigung des Arbeitsverhältnisses an gerichtliche Zustimmungen geknüpft ist. So ist im Bereich des kollektiven Arbeitsrechts der Kündigungs- und Entlassungsschutz der Betriebsratsmitglieder (Ersatzmitglieder), Wahlvorstände, Wahlwerber (siehe auch den Verweis hinsichtlich der Jugendvertrauensräte in § 130 Abs 1 ArbVG) der §§ 120ff ArbVG zu untersuchen. Aufgrund dieser Schutzbestimmungen kann der Betriebsinhaber eine Kündigung bzw Entlassung der geschützten Personen ohne Befassung und Zustimmung des Arbeits- und So-

---

72 *Rebhahn/Windisch-Graetz* in *Windisch-Graetz* (Hrsg) GlBG² (2022) § 3 Rz 143.

73 *Rebhahn/Windisch*-Graetz, GlBG² (2022) § 3 Rz 146.

74 *Windisch-Graetz* in *Neumayr/Reissner*, ZellKomm³ § 12 GlBG Rz 7 (Stand 1.1.2018, rdb.at).

zialgerichtes wirksam nicht aussprechen. Für gegenständliche Betrachtung ist aber auch das Beschränkungs- und Benachteiligungsverbot gem § 115 Abs 3 für Betriebsräte zu beachten. Dieses schützt ua auch zukünftige Karriereentwicklungen der betreffenden Personen.[75] Ist somit die tatsächliche Beschäftigung notwendig, dass der Betriebsrat oder eine sonstige geschützte Person keine nachteilige Karriereentwicklung erleidet, wird als Konsequenz in allen diesen Fällen eine aktive Arbeitsverrichtung zugelassen werden müssen. So wird für wissenschaftliches Personal an Universitäten neben der Betriebsratstätigkeit ein Anspruch auf Durchführung von Forschung und Lehre bestehen, der sich direkt aus § 115 Abs 3 ArbVG ergibt. Eine Dienstfreistellung durch den Rektor wäre daher nicht zulässig und bekämpfbar.

Vergegenwärtigt man sich die zeitlich beschränkte Tätigkeit von Wahlvorständen und Wahlwerbern, wird der in diesem Zusammenhang bestehende zeitlich beschränkte Bestandsschutz jedenfalls auch zu einem indirekten Recht auf Beschäftigung führen, wenn eine Versetzung bzw eine ausgesprochene Dienstfreistellung den Intentionen des Bestandsschutzes zuwiderläuft. Dieser Befund ist mE auch dadurch belastbar, dass der Gesetzgeber die Belegschaft zur Errichtung einer Belegschaftsvertretung in § 40 Abs 1 ArbVG – wenn auch sanktionslos – verpflichtet.[76] Ebenso ist das allgemeine Beschränkungs- und Benachteiligungsverbot für AN gem § 37 Abs 1 ArbVG, dass AN, die betriebsverfassungsrechtliche Befugnisse ausüben, nicht beschränkt und benachteiligt werden dürfen, heranzuziehen. Dieser Benachteiligungsschutz ist umfassend, wobei die erfolgte Benachteiligung eine Folge des betriebsverfassungsrechtlichen Engagements sein muss.

Da Ziel des Gesetzgebers ist, in Betrieben Belegschaftsvertretungen zu errichten, besteht somit auch ein zusätzliches öffentliches Interesse an deren Einrichtung.[77] Wären Handlungen wie Dienstfreistellungen und Abzug von der ausgeübten beruflichen Tätigkeit durch die jeweiligen Betriebsinhaber zulässig, hätte dies zur Folge, dass ansonsten interessierte Personen Ämter in Zusammenhang mit der Belegschaftsorganisation/Vertretung nicht annehmen würden und die Errichtung von Belegschaftsvertretungen – entgegen dem öffentlichen Interesse und der Intentionen des Gesetzgebers – durch den Betriebsinhaber erschwert bzw verhindert werden könnten. Eine Durchsetzung der tatsächlichen Ausübung der bis-

---

75 Vgl *Schneller* in *Gahleitner/Mosler* (Hrsg), AVR III^{6} (2020) § 115 Rz 41.

76 *Gahleitner* in *Gahleitner/Mosler* (Hrsg), AVR II^{6} (2020) § 40 Rz 11, 13.

77 *Löschnigg*, Kein Recht auf Beschäftigung, JAS 2017, 205 (196).

herigen Tätigkeit ist daher geboten und führt in der Rechtsfolge ebenfalls zu einem (indirekten) Recht auf Beschäftigung.

2.6.6. MSchG und VKG

Im Bereich des Schutzes von Eltern ist ein sensibler Moment die Rückkehr aus einer Elternkarenz bzw die Ansage und Durchführung einer Elternteilzeit nach MSchG oder VKG. Oftmals geschieht es, dass die Mutter oder der Vater nicht mehr in der bisherigen Tätigkeit eingesetzt wird. Hier kommt es dann zu einer Kombination aus indirektem Beschäftigungsrecht durch das Gleichbehandlungsrecht[78] und dem Schutzinteresse des Staates gegenüber Eltern aufgrund der offensichtlichen gesellschaftlichen Relevanz von Ermöglichung von Elternschaft. Aufgrund der ständigen Rechtsprechung sind Eltern nach der Rückkehr aus der Karenz oder bei Inanspruchnahme einer Elternteilzeit in der gleichen Verwendung weiterzubeschäftigen.[79] Da es aus Sicht des Rechts auf Beschäftigung auf die Ermöglichung und Zulassung zu der fraglichen Tätigkeit ankommt, ist die Frage, ob dies auf demselben Arbeitsplatz ermöglicht werden muss, aber solange nicht relevant, solange diese Versetzung auf einen anderen Arbeitsplatz auf die Verrichtung der Tätigkeit keine Auswirkung hat. Aus gleichbehandlungsrechtlicher Sicht ist diese Versetzung zusätzlich auf das Vorliegen einer Diskriminierung überprüfbar.[80]

Durch die Überschneidung von Gleichbehandlungsrecht und indirektem Recht auf Beschäftigung kann es dazu kommen, dass eventuelle Versetzungsvorbehalte für den Anspruch auf Beschäftigung in einer bestimmten Tätigkeit unbeachtlich bleiben.

2.6.7. § 61 ASGG – Die einstweilige Urteilswirkung

Fraglich ist auch, ob im Zusammenhang mit dem Thema des Beitrags die einstweilige Urteilswirkung, die § 61 Abs 1 Z 1 ASGG normiert, in seiner Konsequenz nicht auch ein indirektes Recht auf Beschäftigung auslöst. Die Bestimmung von § 61 ASGG ist deshalb als relevant für gegenständliche Betrachtung anzusehen, da

---

78 Zur Diskriminierung: *Daniela Krömer*, Elternteilzeit: Verschlechternde Versetzung ist Diskriminierung aufgrund des Geschlechts, ZAS 2015, 95 (91) E-Bespr zu OGH 9 ObA 2/14f.

79 *Wolfsgruber-Ecker* in Neumayr/Reissner, ZellKomm³ § 15 MSchG Rz 22 (Stand 1.1.2018, rdb.at); zur Elternteilzeit: OGH 25.6.2014, 9 ObA 2/14f.

80 *Wolfsgruber-Ecker*, ZellKomm³ § 15 MSchG Rz 23 (Stand 1.1.2018, rdb.at).

diese an der Schnittstelle zwischen materiellem Recht und Prozessrecht angesiedelt ist.[81]

Worin besteht die in Zusammenhang mit dem Recht auf Beschäftigung relevante Grundproblematik der Hauptanwendungsfälle von § 61 Abs 1 Z 1 ASGG?[82]

Bei Streitigkeiten über den Fortbestand des Arbeitsverhältnisses (zu diesen gehören auch Kündigungsanfechtungen des allgemeinen Kündigungsschutzes) hemmt eine rechtzeitig eingebrachte Berufung nur den Eintritt der Rechtskraft, aber nicht den Eintritt der Verbindlichkeit der Feststellung oder Rechtsgestaltungswirkung. Gewinnt zB nun ein AN eine Kündigungsanfechtung gem § 105 Abs 3 Z 2 ArbVG, weil das Erstgericht die Sozialwidrigkeit der Kündigung annimmt und die Kündigung für unwirksam erklärt, ist das Arbeitsverhältnis über das Ende der bisherigen Kündigungsfrist trotz rechtzeitig eingebrachter Berufung durch den AG zB bis zu dessen rechtskräftigem Obsiegen in zweiter Instanz aufrecht. Nach derzeit herrschender Auffassung kann der AG der Beschäftigung des AN im Rahmen der einstweiligen Urteilswirkung durch Ausspruch einer Dienstfreistellung entgehen. Die bisherige Judikatur sprach dann bei einem letztlichen Obsiegen des AG in der Rechtsmittelinstanz aus, dass das in der Dienstfreistellung ausbezahlte Entgelt aufgrund der Gültigkeit des ursprünglichen Kündigungstermins vom AN zurückzuzahlen ist.[83] Diese Rechtsauffassung wird von *Kodek*[84] und mittlerweile von *Neumayr*[85] zu Recht kritisiert. An dieser Stelle muss zusätzlich betont werden, dass in jenem Fall, in dem der AG nach der Entscheidung erster Instanz den AN zur Tätigkeitsverrichtung zugelassen hat, trotz seines letztlichen Obsiegens die erfolgten Entgeltzahlungen nicht rückabwickeln kann.

Die fehlende Rückforderbarkeit des Entgelts liegt nach *Kodek* dabei ua darin, dass der AN ja leistungsbereit war und somit seine Arbeitspflicht erfüllt habe –

---

81 Vgl *Kodek*, Entgeltfortzahlung bei Kündigungsstreitigkeiten im Spannungsfeld von vorläufiger Urteilswirkung (§ 61 ASGG) und Rückwirkung des Endurteils (§ 62 Abs 3 ASGG) in *Kietaibl/Mosler/Pacic* (Hrsg), GS Robert Rebhahn (2019) 266.

82 So auch *Neumayr* in *Neumayr/Reissner*, ZellKomm^3 § 61 ASGG Rz 18 (Stand 1.1.2018, rdb.at).

83 Vgl *Kodek*, Einordnung und Auswirkungen der vorläufigen Entscheidungswirkungen gem § 61 ASGG, in *Kozak* (Hrsg), Die Tücken des Bestandschutzes (2016), 30; *Kodek*, Entgeltfortzahlung bei Kündigungsstreitigkeiten (2019) 267.

84 *Kodek*, Einordnung und Auswirkungen (2016), 45ff.

85 *Neumayr*, ZellKomm^3 § 61 ASGG Rz 18 (Stand 1.1.2018, rdb.at).

und es somit auf die Annahme oder Nicht-Annahme des AG nicht ankomme.[86] Weiters ist zu beachten, dass eine Rechtsauslegung, die dazu führt, dass der AG durch die Nichtannahme steuern kann, ob ein von § 61 ASGG nicht tendierter Schwebezustand bis zur Rechtskraft der Endentscheidung besteht (da der AN fürchten muss, das enthaltene Entgelt zurückzuzahlen und so gedrängt würde, ein neues Arbeitsverhältnis zu begründen), den materiell-rechtlichen Bestandsschutz stark entwerten würde.[87]

Gerade im Fall von § 61 ASGG hat das Gericht in seinem Urteil über den Fortbestand eines synallagmatischen Verhältnisses von Rechten und Pflichten bereits einmal abgesprochen. So kann nun argumentiert werden, dass § 61 ASGG durch die Normierung der einstweiligen Entscheidungswirkung einen allgemeinen Anspruch auf Beschäftigung quasi verstärkt, da dieses bereits auf einem Urteil eines Gerichtes fußt. In diesem Verfahren hat das Gericht bereits eine Interessenabwägung durchgeführt und insgesamt die Zumutbarkeit der Weiterbeschäftigung ausgesprochen.[88] Bei anderen Bestandsstreitigkeiten (zB den Tatbeständen des GlBG, den verpönten Motiven gem § 105 Abs 3 Z 1 ArbVG ua) darf im Gegensatz zur Kündigungsanfechtung wegen Sozialwidrigkeit, bei welcher der Kündigungsausspruch nicht rechtswidrig erfolgte, nicht außer Acht gelassen werden, dass erfolgreich bekämpfte Beendigungserklärungen rechtswidrig ausgesprochen wurden und hier deshalb die Interessenabwägung bezüglich der Durchsetzung des Rechts auf Beschäftigung entfallen kann. Diese Auffassung enthält den Vorteil, dass im Fall, dass der AG trotz erklärter Arbeitsbereitschaft des AN dessen Arbeitsleistung nicht annimmt, er sich aufgrund der Verletzung der Beschäftigungspflicht rechtswidrig verhält und im Fall seines letztendlichen Obsiegens das gezahlte Entgelt nicht zurückverlangen oder zurückbehalten kann, unabhängig davon, ob das Anbieten der Arbeitsleistung bereits als Erfüllung der Arbeitspflicht angesehen wird.

86 *Kodek*, Einordnung und Auswirkungen (2016), 47.
87 *Kodek*, Entgeltfortzahlung bei Kündigungsstreitigkeiten (2019) 282 mwN; ders in *Köck/Sonntag* (Hrsg) ASGG (2020) § 61 Rz 43.
88 So auch *Kodek*, Entgeltfortzahlung bei Kündigungsstreitigkeiten (2019) 282.

3. Zusammenfassung

Es kann nach diesen Ausführungen daher, wie bereits bisher im Schrifttum vertreten, von der Existenz eines allgemeinen Rechts auf Beschäftigung insb unter Beachtung des Rechts auf Persönlichkeitsverwirklichung ausgegangen werden. Dieses allgemeine Recht steht grundsätzlich unter der Determination der Ausgestaltung des Arbeitsvertrages und dem Bestehen eines aufrechten Arbeitsverhältnisses. Gerade einseitige Versetzungsoptionen können gegen die Verrichtung einer spezifischen Tätigkeit und somit gegen das Vorliegen eines Rechts auf Beschäftigung sprechen. Da typischerweise eine Konkurrenz von Grundrechten (insb die Inanspruchnahme von Art 6 StGG durch beide Vertragspartner) der Vertragsparteien im Zusammenhang mit der Durchsetzung eines Rechts auf Beschäftigung vorliegen wird, ist eine Interessenabwägung für die Annahme eines Beschäftigungsrechts notwendig durchzuführen. Es ist jedoch zu beachten, dass Art 6 StGG unter Gesetzesvorbehalt steht. So können spezifische gesetzliche Normen die Interessenabwägung zu Gunsten oder zu Lasten einer Vertragspartei gewichten oder zur Gänze ausschließen (vergleiche hier die Rechtslage bei unmittelbaren Diskriminierungen). Ob für diese abweichenden Regelungen der Interessenabwägung auch Kollektivverträge kompetent im Sinne von § 2 Abs 2 Z 1 ArbVG sind (bspw mit Regelungen, dass bei Verletzung des Rechts auf Beschäftigung nur der Austritt als Sanktion zur Verfügung steht), ist zweifelhaft, aber nicht zur Gänze ausgeschlossen. Letztlich können Normen auch implizit Wertungen für die Durchsetzung des Rechts auf Beschäftigung enthalten, indem diese bereits die Gefährdung des Rechtsgutes voraussetzen und so im Sicherungsverfahren eine Bescheinigung obsolet machen.[89]

---

89 Vgl hier zu § 18 TAG: *Kozak,* Keine Garantie der vollen Beschäftigungspflicht durch § 18 TAG, DRdA 2020, 557 (555) E-Bespr zu OGH 112/19i.

Univ.-Prof. Dr. Elias Felten

Entgelttransparenz reloaded

I. Einleitung

Seit dem Jahr 2011 gibt es in Österreich ein zentrales, rechtliches Instrument, das helfen soll, die Einkommensunterschiede zwischen unselbständig beschäftigten Männern und Frauen zu beseitigen: der sog „Einkommensbericht“ gem § 11a GlBG.[1] Auslöser für dessen Einführung war ein Rechnungshofbericht aus dem Jahr 2007, der ein eklatantes Einkommensgefälle zwischen Männern und Frauen festgestellt hatte.[2] Davon sei ein erheblicher Teil, nämlich zwischen 10 und 15 Prozentpunkten, nicht durch nachvollziehbare Faktoren, wie der unterschiedlichen Voll- und Teilzeitquote, zu erklären. Es stand daher der Verdacht einer systematischen Diskriminierung von Frauen bei der Entgeltfindung im Raum, obwohl das Recht auf gleichen Lohn für gleiche oder gleichwertige Arbeit von Männern und Frauen bereits seit dem Jahr 1979[3] in der österreichischen Rechtsordnung verankert ist. Der Gesetzgeber musste freilich selbst zugeben, dass dieses „Recht auf gleichen Lohn“ bisher kaum einen Beitrag zur Verringerung der tatsächlichen Einkommensunterschiede zwischen Männern und Frauen zu leisten vermochte.[4] Der Grund sei vor allem darin zu sehen, dass es für die Betroffenen äußerst schwierig sei, eine vermeintliche Diskriminierung gerichtlich zu bekämpfen, weil dies den Zugang zu den Einkommensdaten einer männlichen Vergleichsperson als Referenzmaßstab voraussetze.[5] Der Gesetzgeber führte die bestehenden Einkommensunterschiede jedoch noch auf einen anderen, wesentlichen Umstand zurück: Offenkundig sei die „unzureichende Information über branchen- und ortsübliche Entlohnung“ verantwortlich.[6] Das erklärt, weshalb auf mehr „Entgelttransparenz“ gesetzt wurde. Diese sollte im Wesentlichen durch zwei zentrale Instrumente erzielt werden:

Seit der GlBG-Novelle 2011 besteht zum einen die Verpflichtung, im Rahmen von Stellenausschreibungen über das kollektivvertragliche Mindestentgelt sowie die Bereitschaft zur Überzahlung zu informieren (§ 9 Abs 2 leg cit). Zum anderen sind Arbeitgeber:innen gem § 11a leg cit ab einer gewissen Anzahl von Mitarbeiter:innen (seit dem Jahr 2014: 150 Arbeitnehmer:innen) verpflich-

1 BGBl I 2011/7.
2 RV 938 BlgNR 24. GP, 1.
3 § 2a Abs 2 GlBG 1979.
4 RV 938 BlgNR 24. GP, 3.
5 RV 938 BlgNR 24. GP, 3.
6 RV 938 BlgNR 24. GP, 1.

tet, alle zwei Jahre einen anonymisierten Einkommensbericht „zur Entgeltanalyse“ zu erstellen. Dieser muss Auskunft über die Durchschnitts- oder Medianentgelte von Männern und Frauen in der jeweiligen kollektivvertraglichen Verwendungsgruppe bzw den jeweiligen Verwendungsgruppenjahren geben.

Fragt man sich nun – mehr als 10 Jahre (!) nach der Novelle –, welchen Effekt diese rechtliche Verpflichtung zu mehr Entgelttransparenz auf die tatsächlichen Einkommensunterschiede zwischen Männern und Frauen hat, so fällt der Befund ernüchternd aus. Zwar hat sich der sog „Gender Pay Gap“ in den letzten knapp zwanzig Jahren kontinuierlich verringert, allerdings auf niedrigem Niveau.[7] Er betrug im Jahr 2018 weiterhin 20,4 Prozent[8], im Jahr 2021 immer noch 18,8 Prozent.[9] Damit liegt Österreich im europäischen Vergleich im traurigen Spitzenfeld. Nach Estland ist Österreich der Mitgliedstaat mit den größten geschlechtsspezifischen Lohnunterschieden.[10] Selbst weltweit betrachtet liegt Österreich lediglich auf Platz 47 von möglichen 146 Plätzen, direkt hinter Simbabwe und dem Königreich Estwani (vormals Swasiland).[11] An diesen unterschiedlichen Rankings ist freilich nicht nur die übereinstimmend schlechte Platzierung Österreichs als solche erschreckend. Hoch problematisch ist vor allem, dass sich ein großer Anteil des faktischen Einkommensunterschieds weiterhin nicht erklären lässt. Laut der Statistik Austria sind weiterhin 68,4 Prozent des Lohngefälles – das entspricht 14 Prozentpunkten – nicht durch Faktoren wie Ausmaß der Beschäftigung (Vollzeit/Teilzeit), Unternehmensgröße, Bildungsgrad, Art des Arbeitsvertrags etc erklärbar. Das legt nahe, dass unverändert davon auszugehen ist, dass Frauen systematisch bei der Entlohnung gegenüber männlichen Kollegen diskriminiert werden.

---

7 *Geisberger/Glaser*, Gender Pay Gap – Analysen zum geschlechtsspezifischen Lohnunterschied, Statistische Nachrichten 6/2021, 436.

8 *Geisberger/Glaser*, Statistische Nachrichten 6/2021, 434.

9 https://www.statistik.at/statistiken/bevoelkerung-und-soziales/gender-statistiken/einkommen (abgerufen am 23.2.2024).

10 Eurostat, geschlechtsspezifischer Lohnunterschied (ohne Anpassungen), erstellt am 1.3.2023, https://ec.europa.eu/eurostat/statistics-explained/index.php?title=Gender_pay_gap_statistics und https://www.statistik.at/statistiken/bevoelkerung-und-soziales/gender-statistiken/einkommen (abgerufen am 23.2.2024).

11 WEF, The Global Gender Gap Index 2023, https://www.weforum.org/publications/global-gender-gap-report-2023/ (abgerufen am 23.2.2024).

II. Problemaufriss

Dieser Befund ist nicht nur sozialpolitisch unbefriedigend, er ist auch rechtlich problematisch. Im Ergebnis führt er nämlich zu der Schlussfolgerung, dass die Republik Österreich ihrer unionsrechtlichen, direkt aus dem Primärrecht erwachsenen Verpflichtung gem Art 157 AEUV, die Anwendung des Grundsatzes des gleichen Entgelts für Männer und Frauen bei gleicher oder gleichwertiger Arbeit sicherzustellen, offenkundig nicht nachkommt. Eine entsprechende Verpflichtung findet sich auch im nationalen Recht. Das Verbot der Entgeltdiskriminierung auf Grund des Geschlechts ist unmissverständlich in § 3 Abs 1 Z 2 GlBG verankert. Die Statistik belegt aber, dass österreichische Unternehmen weit davon entfernt sind, Männern und Frauen für gleiche oder gleichwertige Arbeit das gleiche Entgelt zu zahlen. Dass die Einkommensunterschiede gerade in Österreich so eklatant sind, ist umso überraschender, als es kaum ein anderes Land in der Europäischen Union bzw sogar weltweit gibt, das eine vergleichbar hohe Kollektivvertragsabdeckung aufweist. In Anbetracht der relativ zwingenden Wirkung kollektivvertraglicher Mindestlöhne[12] würde man meinen, dass Länder mit einer hohen Kollektivvertragsabdeckung geringere geschlechtsspezifische Lohnunterscheide aufweisen müssten als solche mit einer niedrigen Abdeckungsrate, die mehr Platz für privatautonome Entgeltvereinbarungen lässt. Das scheint offenbar nicht der Fall zu sein. Es stellt sich daher die Frage, warum in Österreich das Einkommensgefälle zwischen Männern und Frauen weiterhin so groß ist, obwohl diese Problematik seit Jahren bekannt ist und statistisch erhoben wird.

Eine Erklärung könnte darin bestehen, dass die Sanktionen, die Arbeitgeber: innen drohen, sollten sie den Grundsatz des gleichen Entgelts verletzen, – entgegen den unionsrechtlichen Vorgaben[13] – eine zu geringe abschreckende und damit zu geringe verhaltenssteuernde Wirkung haben. Empirische Belege, die diese These verifizieren würden, existieren zwar soweit ersichtlich nicht. Hält man sich allerdings vor Augen, dass bei einer gerichtlich festgestellten Entgeltdiskriminierung gem § 12 Abs 2 GlBG lediglich die Differenz zwischen dem tatsächlich ausbezahlten und dem nach § 3 Z 2 GlBG gebührenden Entgelt sowie eine Entschädigung für die erlittene persönliche Beeinträchtigung, sprich immaterieller Schadenersatz, zu zahlen ist, so scheint diese Schlussfolgerung dennoch nicht weit hergeholt. Verwaltungsstrafen sind, soweit die Entgeltdiskriminierung nicht auch

12 § 3 Abs 1 ArbVG.

13 Vgl dazu ausführlich *Hopf/Mayr/Eichinger/Erler*, GlBG[2] (2021) § 12 Rz 3 f.

den Tatbestand der Unterentlohnung gem § 29 LSD-BG erfüllt, was gerade im überkollektivvertraglichen Entgeltbereich zu verneinen ist, nicht vorgesehen. Das heißt überspitzt gesagt: Entgeltdiskriminierung kann sich vor dem Hintergrund der überschaubaren drohenden Nachteile ökonomisch lohnen. Das gilt umso mehr, wenn man die Wahrscheinlichkeit, überhaupt geklagt zu werden, und jene, das Verfahren zu verlieren, in die Gesamtrechnung miteinbezieht. Der Gesetzgeber hat selbst zugestanden, dass die rechtliche Durchsetzung einer vermeintlichen Entgeltdiskriminierung vor Gericht für die Betroffenen „sehr schwierig" ist.[14] Ohne auf die Einkommensdaten einer konkreten (in der Regel männlichen) Vergleichsperson referenzieren zu können, wird es in aller Regel nicht gelingen, das Vorliegen einer Diskriminierung auf Grund des Geschlechts gem § 12 Abs 12 GlBG „glaubhaft" zu machen.

Nicht zuletzt aus diesem Grund wurde im Jahr 2011 die Verpflichtung zu mehr Entgelttransparenz eingeführt. Aus den Materialien ergibt sich klar, dass damit einerseits die prozessuale Durchsetzbarkeit vermeintlicher Entgeltdiskriminierungen erleichtert wird, andererseits Arbeitnehmerinnen überhaupt erst vor Augen geführt werden sollte, dass sie das Opfer einer Ungleichbehandlung sein könnten. Der Einkommensbericht und die mit ihm verbundene Entgelttransparenz setzt also nicht primär am „Täter" bzw der „Täterin" an, sondern am „Opfer". Zwar wird der vermeintliche Täter bzw die vermeintliche Täterin zu einer Handlung verpflichtet, konkret zur Erstellung von Einkommensberichten. Die Erfüllung dieser Pflicht ändert allerdings zunächst gar nichts am Bestehen oder Nichtbestehen einer Entgeltungleichbehandlung. In § 11a GlBG findet sich darüber hinaus an keiner Stelle eine an den Arbeitgeber bzw die Arbeitgeberin gerichtete Aufforderung, dass, sollten Einkommensunterschiede im Zuge der Entgeltanalyse festgestellt werden, diese zu beseitigen sind. Auch sonstige Handlungsanordnungen als Reaktion auf festgestellte Einkommensunterschiede sind dem Gesetz nicht zu entnehmen. Untätigkeit ist somit eine rechtlich zumindest gebilligte Option. Der Einkommensbericht bzw die Entgelttransparenz sind demnach als Instrumente konzipiert, die das Opfer in die Lage versetzen sollen, Entgeltdiskriminierung am Rechtsweg zu bekämpfen. Das ergibt sich nicht nur aus den Gesetzesmaterialien, sondern auch der Gesetzwortlaut, vor allem § 11a Abs 4 GlBG, bringt das unmissverständlich zum Ausdruck, in dem er den Opfern explizit nahelegt, sich rechtlich beraten zu lassen und allenfalls konkrete Schritte der Rechtsdurchsetzung zu ergreifen. Es geht mit anderen Worten um „Empowerment".

14 RV 938 BlgNR 24. GP, 3.

Hält man sich freilich vor Augen, wie wenig die Verpflichtung zu mehr Entgelttransparenz an den faktischen Einkommensunterschieden in den vergangenen zehn Jahren geändert hat, so muss man sich die Grundsatzfrage stellen, ob das Konzept des „Empowerments" wirklich geeignet ist, Entgeltdiskriminierungen zu beseitigen. Dort, wo Entgelttransparenz zum Einsatz kommt und merkliche Effekte hat, dient sie zumeist dem Staat als Grundlage für konkrete rechtliche Schritte gegen „den Täter" bzw „die Täterin".[15] In jenen Ländern, in denen die Durchsetzung einer vermuteten Entgeltdiskriminierung ausschließlich dem „Opfer" überlassen wird, schließt sich die Einkommensschere trotz gesetzlich angeordneter Entgelttransparenz hingegen offenbar langsamer.[16] Selbst wenn man das Konzept als solches nicht in Frage stellt, macht „Empowerment" nur dann Sinn, wenn den Betroffenen tatsächlich brauchbare Instrumente zur Verbesserung ihrer Rechtsposition in die Hände gegeben werden. Vom Einkommensbericht gem § 11a GlBG in seiner jetzigen Ausgestaltung kann das wahrlich nicht behauptet werden.

III. Entgelttransparenz de lege lata

Der Einkommensbericht gem § 11a GlBG weist mehrere eklatante Defizite auf, wenn es um seine Eignung geht, die vom Gesetzgeber selbst ausgerufenen Ziele, einerseits Entgeltdiskriminierung zu erkennen, andererseits diese wirkungsvoll zu bekämpfen, zu erreichen.

1. Inhalt und Systematik des Einkommensberichts

Entgelttransparenz als effektives Mittel zur Bekämpfung von Diskriminierung setzt voraus, dass aus dem Bericht klar hervorgeht, dass eine Person mehr oder weniger als eine Person anderen Geschlechts verdient, obwohl sie (oder er) die gleiche oder zumindest gleichwertige Arbeit leistet. Bereits dieser „Minimalanfor-

---

15 Das gilt bspw für Schweden, vor allem aber für Island vgl *Schrittwieser* in Felten/Konstatzky/Schrittwieser, Lohngleichheit: Einkommenstransparenz und Rechtsdurchsetzung (2019) 17 f.

16 Bspl BRD vgl wiederum *Schrittwieser* in Felten/Konstatzky/Schrittwieser, Lohngleichheit (2019) 16; s zur geringen praktischen Wirksamkeit des EntgTranspG auch *Annuß*, Entgelttransparenzgesetz – doch kein zahnloser Tiger? NZA 2021, 1538.

derung“ wird der Einkommensbericht gem § 11a GlBG nicht gerecht, da weder gesichert ist, dass Personen verglichen werden, die gleiche oder gleichwertige Arbeit leisten, noch klar erkennbar ist, ob tatsächlich im Einzelfall diskriminierende, geschlechtsspezifische Einkommensunterschiede bestehen.[17] Das liegt an der derzeitigen Systematik des Berichts: Zwar sind die Einkommen im Bericht getrennt nach Geschlechtern auszuweisen. Bei der Gegenüberstellung der geschlechtsspezifischen Einkommensunterschiede ist aber auf die kollektivvertraglichen oder innerbetrieblichen Verwendungsgruppen und Verwendungsgruppenjahre abzustellen. Das ist deshalb problematisch, weil Verwendungsgruppen keine Gewähr dafür leisten, dass jene Personen, die hier zusammengefasst und verglichen werden, tatsächlich gleiche oder gleichwertige Arbeit leisten. Bei den Verwendungsgruppen handelt es sich um einen viel grobkörnigeren Filter. Das lässt sich exemplarisch am Beispiel des Kollektivvertrags für Angestellte im Gewerbe und Handwerk und in der Dienstleistung[18] zeigen. Der Zuschnitt der einzelnen Verwendungsgruppen orientiert sich hier in erster Linie an bestimmten Berufsbildern, weniger an den konkreten Anforderungen der jeweiligen Tätigkeit. In der Verwendungsgruppe III werden zB Berufsbilder wie „Bürokraft in der Buchhaltung“ und „Programmierer:in“ zusammengefasst, in der Verwendungsgruppe IV finden sich sowohl „selbständige Buchhalter:innen“ als auch „selbständige Filialleiter:innen“. Nach der Judikatur des EuGH sind die Begriffe „gleiche Arbeit“‘, „gleicher Arbeitsplatz“ und „gleichwertige Arbeit“ jedoch anhand rein qualitativer Kriterien zu beurteilen, die ausschließlich die „Art“ der von den betroffenen Arbeitnehmer:innen verrichteten Arbeit in den Blick nimmt.[19] Zur Beurteilung der Frage, ob eine vergleichbare Situation vorliegt, ist auf die Gesamtheit aller maßgeblichen Faktoren, insb auf die Art der Arbeit, die Ausbildungsanforderungen und die konkreten Arbeitsbedingungen, abzustellen.[20] Folglich reicht es nicht aus, auf abstrakte Berufsbilder Bezug zu nehmen.

Darüber hinaus sind gem § 11a Abs 1 GlBG im Einkommensbericht lediglich die Durchschnitts- oder Medianentgelte getrennt nach Geschlechtern für die jeweilige Verwendungsgruppe bekannt zu geben. Das heißt, es werden keine konkreten Entgeltdaten von konkreten Personen offengelegt, die einen echten Vergleich ermöglichen würden. Vielmehr sind lediglich aggregierte Entgeltdaten in

17 So auch bereits *Firlei*, Entgelttransparenz ultralight – der Einkommensbericht gem § 11a GlBG, DRdA 2011, 241.
18 Stand 1.1.2024.
19 EuGH C-624/19, *Tesco Stores Ltd*, ECLI:EU:C:2021:429, Rn 28.
20 EuGH C-400/93, *Royal Copenhagen A/S*, ECLI:EU:C:1995:155, Rn 33.

den Bericht aufzunehmen, die gem § 11a Abs 2 GlBG „keinerlei Rückschlüsse auf Einzelpersonen zulassen“ dürfen. Der Gesetzgeber hat ausdrücklich angeordnet, dass der Bericht in anonymisierter Form zu erstellen ist. Vergleichsgruppen mit weniger als drei Personen sind daher gar nicht erst in den Bericht aufzunehmen.[21] Das heißt, der Einkommensbericht gem § 11a GlBG in der geltenden Fassung lässt keinerlei Rückschlüsse auf die eigene Einkommenssituation im Vergleich zu einer bestimmten Referenzperson zu.[22] Aus den offenzulegenden Entgeltdaten kann bestenfalls ein Anfangsverdacht für das Vorliegen einer Diskriminierung abgeleitet werden, sollte sich der eigene Entgeltbezug vom angegebenen Durchschnitts- oder Medianentgelt merklich unterscheiden.[23]

2. Der Einkommensbericht als Instrument der individuellen Rechtsdurchsetzung

Derzeit beschränkt sich also die Funktion des Einkommensberichts darin, den eigenen Entgeltbezug zu hinterfragen und bei Verdachtsmomenten den Anstoß zu geben, einer vermeintlichen Entgeltdiskriminierung auf den Grund zu gehen.[24] Letzteres setzt freilich, wie der Gesetzgeber selbst zugesteht,[25] den Zugang zu den individuellen Gehaltsdaten konkreter Vergleichspersonen des anderen Geschlechts voraus. Der Einkommensbericht gem § 11a GlBG ist dafür kein taugliches Instrument. Es bedürfte daher flankierender bzw ergänzender Maßnahmen. Ein individuelles Recht des bzw der Einzelnen gegenüber dem Arbeitgeber bzw der Arbeitgeberin auf Information über die Einkommenshöhe einer bestimmten Vergleichsperson sieht das geltende Recht allerdings nicht vor. Die Fürsorgepflicht gem § 18 AngG bzw § 1157 ABGB bietet dafür auch keine taugliche Rechtsgrundlage. Diese verpflichtet zwar den Arbeitgeber bzw die Arbeitgeberin zur Gleichbehandlung.[26] Durch das GlBG wurde diese allgemeine, in der Fürsorgepflicht wurzelnde Verpflichtung zwischenzeitlich auch konkretisiert und näher ausgeformt; jedoch ohne ein individuelles Informationsrecht vorzusehen. Das

21 RV 938 BlgNR 24. GP, 8.

22 Das gilt vor allem, wenn auf das Medianentgelt Bezug genommen wird, vgl zur Kritik diesbezüglich *Thüsing* in MüKoBGB, § 22 AGG Rz 29.

23 *Felten* in Felten/Konstatzky/Schrittwieser, Lohngleichheit (2019) 85. *Bertsch* in *Windisch-Graetz*, GlBG2 (2022) § 11a Rz 12.

24 *Firlei*, DRdA 2011, 241.

25 RV 938 BlgNR 24. GP, 3.

26 *Felten* in Rummel/Lukas/Geroldinger, ABGB § 1157 Rz 59 ff.

spricht dafür, dass der Gesetzgeber ein solches bewusst nicht geregelt hat, so dass dieses auch nicht unter Bezugnahme auf die Generalklausel des § 18 AngG bzw § 1157 ABGB begründet werden kann. Ein solcher Anspruch lässt sich auch nicht aus dem Arbeitsvertrag ableiten, da der Zugang zu den Gehaltsdaten einer konkreten Vergleichsperson deren Mitwirkung verlangt, der Arbeitsvertrag aber nur die Rechtsbeziehung zwischen Arbeitgeber:in und Arbeitnehmer:in zum Gegenstand hat. Ein Anspruch des bzw der Einzelnen auf Information über konkrete Gehaltsdaten und eine korrespondierende Verpflichtung des Arbeitgebers bzw der Arbeitgeberin auf Offenlegung gegenüber dem bzw der Einzelnen lässt sich mit anderen Worten dem geltenden Recht nicht entnehmen.

De facto besteht für die einzelne Arbeitnehmerin bzw den einzelnen Arbeitnehmer also nur die Möglichkeit, direkt über die in Frage kommenden Vergleichspersonen zu deren Einkommensdaten zu kommen. Einen durchsetzbaren Rechtsanspruch gibt es allerdings auch in diesem Fall nicht. Man ist also auf die freiwillige Zustimmung des Betroffenen bzw der Betroffenen angewiesen; zumeist eine faktische Hürde, die nur schwer zu überwinden sein wird. Selbst wenn der betreffende Arbeitskollege bzw die betreffende Arbeitskollegin jedoch bereit sein sollte, sein bzw ihr Gehalt offenzulegen, so stehen dem oftmals vertragliche Verschwiegenheitsklauseln im Weg, die nicht selten explizit dazu verpflichten, den eigenen Einkommensbezug nicht gegenüber Dritten offenzulegen. Gegen diese Praxis gibt es zwar gewichtige rechtliche Argumente.[27] Der OGH hat jedoch – wenn auch in einer bislang vereinzelt gebliebenen Entscheidung – die Ansicht vertreten, dass es sich zumindest bei den Gehaltsstrukturen ganzer Betriebsabteilungen um ein Geschäftsgeheimnis handelt, das grundsätzlich der Geheimhaltungspflicht unterliegt.[28] Im konkreten Fall ging es zwar um die Frage der Reichweite der Verschwiegenheitspflicht eines Betriebsratsmitgliedes gem § 115 Abs 4 ArbVG. Es ist jedoch anerkannt, dass auch „normale“ Arbeitnehmer:innen – entweder explizit oder konkludent aus dem Arbeitsvertrag – zur Verschwiegenheit über Geschäftsgeheimnisse verpflichtet sind. Folglich spricht viel für die Generalisierbarkeit dieser Judikatur, zumal der Gesetzgeber sogar die weitaus allgemeineren Inhalte des Einkommensberichts einer expliziten Verschwiegenheitspflicht

---

27 *Risak*, Das koalitionsrechtlich begründete Recht auf Offenlegung, in FS Pfeil (2021) 92; *Felten*, Der Einkommensbericht gem § 11a GlBG: Einkommenstransparenz versus Verschwiegenheitspflicht, DRdA 2019, 23; *Geiblinger*, Entgeltgeheimhaltungsklauseln und deren Wirksamkeit, ecolex 2014, 63.

28 OGH 9 ObA 338/00x DRdA 2002, 219 (*Pfeil*).

unterworfen und deren Einhaltung sogar strafbewährt hat.[29] Es ist einigermaßen bemerkenswert, dass Arbeitgeber:innen, die diskriminieren und/oder ihrer Verpflichtung zur Erstellung des Einkommensberichts nicht nachkommen, keinerlei Verwaltungsstrafen zu befürchten haben, Arbeitnehmer:innen hingegen, die Inhalte des anonymisierten und aggregierten (!) Einkommensberichts an Dritte weitergeben, bestraft werden können. Unklar ist freilich, ob das einzelne Gehaltsdatum einer konkreten Person überhaupt als Geschäftsgeheimnis zu qualifizieren ist.[30] Zweifel erscheinen angebracht. Hinzukommt, dass der Gesetzgeber die gesetzliche Verpflichtung zur Verschwiegenheit über die Inhalte des Einkommensberichts gem § 11 Abs 5 GlBG ausdrücklich für den Fall der Einholung von Rechtsauskünften oder der Durchsetzung von Ansprüchen suspendiert hat. Das lässt den Schluss zu, dass allfällige Verschwiegenheitspflichten zumindest nicht der rechtlichen Bekämpfung von Entgeltdiskriminierungen entgegenstehen sollen. Für diese Lesart spricht auch, dass die Republik gem Art 157 AEUV zur Sicherstellung der Entgeltgleichbehandlung verpflichtet ist. Das legt die Sittenwidrigkeit entgeltbezogener Verschwiegenheitsklauseln nahe, jedenfalls dann, wenn sich der Arbeitgeber bzw die Arbeitgeberin in einem Verfahren wegen vermeintlicher Entgeltdiskriminierung darauf berufen will.[31] Von einer eindeutigen und klaren Rechtslage kann freilich keine Rede sein. Das allein bewirkt wohl bereits in vielen Fällen, dass Vergleichspersonen davon Abstand nehmen, ihre Gehälter offenzulegen, da sie nicht das Risiko eingehen wollen, allfällige Verschwiegenheitspflichten zu verletzen und damit einen Entlassungsgrund zu setzen.

3. Der Einkommensbericht als Instrument der kollektiven Rechtsdurchsetzung

Eine Erklärung für das Fehlen eines individuellen Rechtsanspruches auf Offenlegung der Gehaltsdaten konkreter Vergleichspersonen mag darin zu sehen sein, dass der Gesetzgeber offenkundig davon ausgeht, dass ohnehin der Betriebsrat das Recht hat, in die Gehaltsdaten einzelner Arbeitnehmer:innen Einsicht zu nehmen. In der Tat ist der Betriebsrat gem § 89 Abs 1 Z 1 iVm Abs 4 ArbVG berechtigt, auch ohne Einverständnis des bzw der Betroffenen, in die vom Betrieb geführten Aufzeichnungen über die Bezüge einzelner Arbeitnehmer:innen und

29 § 11 Abs 5 GlBG.

30 *Felten* in Felten/Konstatzky/Schrittwieser, Lohngleichheit (2019) 95.

31 *Felten*, DRdA 2019, 23 f; ; so auch *Bertsch* in *Windisch-Graetz*, GlBG2 (2022) § 11a Rz 17.

die zur Berechnung dieser Bezüge erforderlichen Unterlagen Einsicht zu nehmen und sie zu überprüfen. Daraus erklärt sich nun auch, weshalb Adressat des Einkommensberichts gem § 11a GlBG primär die Organe der Arbeitnehmerschaft im Unternehmen bzw im Betrieb sind. Ergeben sich aus dem Einkommensbericht nicht erklärbare Gehaltsunterscheide, so soll es offenbar vor allem die Aufgabe des Betriebsrates sein, aktiv zu werden. Die nicht explizit formulierte Idee des Gesetzgebers ist wohl, dass, sollte auf Grund des Einkommensberichts der Anfangsverdacht einer Entgeltdiskriminierung bestehen, der Betriebsrat von seinem Recht gem § 89 Z 1 ArbVG Gebrauch macht, um den Verdacht zu verifizieren.

Das setzt allerdings voraus, dass es überhaupt einen Betriebsrat bzw Organe der Arbeitnehmerschaft im Betrieb bzw Unternehmen gibt. Eine valide Statistik über die Anzahl der Betriebsratskörperschaften in Österreich existiert, soweit ersichtlich, nicht. Klar ist aber, dass es eine Vielzahl (wenn nicht Mehrzahl) an Betrieben ohne Betriebsrat gibt. In diesem Fall kann auch das Einsichtsrecht gem § 89 Z 1 ArbVG nicht fruchtbar gemacht werden. Die Idee, mit Hilfe des Einkommensberichts mehr Entgelttransparenz zu schaffen und dadurch die Probleme der Rechtsdurchsetzung zu erleichtern, geht damit ins Leere. Von Diskriminierung Betroffene sind vielmehr wiederum auf sich allein gestellt, wenn es um die Frage geht, wie man zu den Gehaltsdaten einer konkreten Vergleichsperson kommt. Eine gewisse Abhilfe leisten in diesem Fall allerdings die Ermittlungsrechte der Gleichbehandlungsanwaltschaft gem § 5 Abs 4 GBK/GAW-Gesetz.

Selbst für den Fall, dass ein Betriebsrat gewählt wurde, ist aber nicht gesichert, dass dieser auch Zugang zum Einkommensbericht und seinen Inhalten hat. Der Einkommensbericht ist gem § 11a Abs 3 GlBG nur dann dem Betriebsrat zu übermitteln, wenn es weder einen Zentralbetriebsrat noch einen Betriebsausschuss gibt. Mit anderen Worten: Der Zentralbetriebsrat und auch der Betriebsausschuss genießen Vorrang gegenüber dem Betriebsrat. Das ist deshalb problematisch,[32] weil der Zentralbetriebsrat nicht über die Kompetenz verfügt, Einsicht in die Gehaltsdaten gem § 89 ArbVG zunehmen.[33] In dieser Konstellation geht die Idee des Zusammenspiels von § 11a GlBG und § 89 ArbVG also ins Leere.

Hinzukommt, dass es keinerlei Gewähr dafür gibt, dass der (Zentral-)Betriebsrat, sollten Verdachtsmomente hervorkommen, auch tatsächlich aktiv wird. Eine durchsetzbare Handlungspflicht des Betriebsrates gegenüber dem bzw der Einzelnen besteht nicht. Der Gesetzgeber hat es ins freie Ermessen des Betriebsrates ge-

---

32 Darauf hat bereits *Firlei*, DRdA 2011, 242 richtigerweise hingewiesen.
33 Vgl § 113 ArbVG.

stellt, wie er mit dem Einkommensbericht umgeht und welche Schlüsse er daraus zieht. In § 11a Abs 1 GlBG ist zwar die Rede davon, dass der Bericht „zur Entgeltanalyse" gedacht ist. Die Fragen, was damit konkret gemeint ist, wie diese Analyse auszusehen und welche Konsequenzen sie zur Folge hat, bleiben aber unbeantwortet. Daraus ist der Schluss zu ziehen, dass die vom Gesetzgeber angedachte Entgeltanalyse nicht verpflichtend ist.[34] Der Betriebsrat „kann", muss aber nicht eine Beratung über die Inhalte des Einkommensberichts gem § 11a Abs 3 GlBG verlangen. Der Betriebsrat ist nicht einmal verpflichtet, die Belegschaft oder gar einzelne vermeintlich betroffene Arbeitnehmer:innen von den Inhalten bzw Ergebnissen des Einkommensberichts zu informieren. § 11a Abs 3 GlBG sieht lediglich vor, dass die Organe der Arbeitnehmerschaft auf Anfrage Arbeitnehmer:innen Auskunft über „die für sie relevanten Informationen" erteilen „können".

Nicht geregelt ist ferner, sollte der Betriebsrat tatsächlich aktiv werden wollen, welche konkreten Maßnahmen zur Rechtsdurchsetzung zur Verfügung stehen, sollte sich im Zuge des Einsichtsrechts der Verdacht einer Entgeltdiskriminierung erhärten. Klar ist bloß, dass der Betriebsrat nicht im Namen der betroffenen Arbeitnehmerin bzw des betroffenen Arbeitnehmers den Verstoß gegen das Entgeltgleichbehandlungsgebot gem § 3 Z 2 GlBG gerichtlich geltend machen kann.[35] Allerdings hat der Betriebsrat gem § 12 GBK/GAW-Gesetz das Recht, eine Einzelfallprüfung bei der Gleichbehandlungskommission zu beantragen. Im Rahmen des allgemeinen Interventionsrecht gem § 90 ArbVG können bei der Gleichbehandlungsanwaltschaft auch die Ergreifung von Maßnahmen gem § 5 GBK/GAW-Gesetz gefordert werden. Welche Befugnisse der Betriebsrat in diesem Zusammenhang konkret hat, ist wiederum weitgehend unklar. Es stellt sich bereits die Frage, ob der Betriebsrat überhaupt berechtigt ist, die im Zuge des § 89 Z 1 ArbVG ermittelten Gehaltsdaten einer konkreten Vergleichsperson als Beweis für das Vorliegen einer Entgeltdiskriminierung an die Betroffene bzw den Betroffenen, die Gleichbehandlungsanwaltschaft und/oder Gleichbehandlungskommission weitergeben darf. Eine explizite gesetzliche Grundlage dafür gibt es nicht. Allerdings legt die Gesamtsystematik des GBK/GAW-Gesetzes nahe, dass der Betriebsrat eine aktive Rolle in der Bekämpfung von Entgeltdiskriminierung spielen soll. Dass es sich dabei um eine zentrale Aufgabe des Betriebsrates

---

34 Ebenso schon *Firlei*, DRdA 2011, 239 f.

35 StRsp des OGH grundgelegt mit OGH 4 Ob 24/81 Arb 10.024; zuletzt etwa 7 Ob 208/13h SZ 2014/7.

auch nach dem ArbVG handelt, hat inzwischen der OGH ebenfalls anerkannt.[36] Das spricht im Übrigen dafür, dass die Weitergabe von Gehaltsdaten auch datenschutzrechtlich zulässig ist.[37] Gleichzeitig hat der Gesetzgeber aber der Gleichbehandlungsanwaltschaft und Gleichbehandlungskommission alternative Instrumente in die Hand gegeben, um an die Gehaltsdaten konkreter Vergleichspersonen zu kommen. So kann die Gleichbehandlungsanwaltschaft gem § 5 Abs 5 GBK/GAW-Gesetz die Träger der Sozialversicherung um Auskunft über die sozialversicherungsrechtliche Beitragsgrundlage von Vergleichspersonen ersuchen, deren Einkommen für die Entscheidung über die vermutete Verletzung des Gleichbehandlungsgebotes unbedingt erforderlich ist. Die auf diesem Weg erhaltene Information darf allerdings wiederum nicht an Dritte weitergegebenen werden; selbst an die vermeintlich diskriminierte Person ist eine Weitergabe nur in anonymisierter Form zulässig. Das könnte als Argument für eine restriktive Haltung auch gegenüber dem Betriebsrat ins Treffen geführt werden. Im Gegensatz zum Betriebsrat handelt es sich bei der Gleichbehandlungsanwaltschaft allerdings um eine Einrichtung des öffentlichen Rechts. Folglich gilt hier der strenge Maßstab des § 1 Abs 2 DSG. Es ist also Vorsicht geboten, wenn man Rückschlüsse aus den Rechten der Gleichbehandlungsanwaltschaft bzw deren Grenzen auf die Befugnisse des Betriebsrates ziehen will. Diese unklare Rechtslage ist aber in der Praxis jedenfalls ein Hemmschuh für den Betriebsrat. Im Kern geht es um die Frage, ob der Betriebsrat, wenn es um die Weitergabe von Gehaltsdaten konkreter Vergleichspersonen an Dritte inklusive der vermeintlich diskriminierten Person geht, der Verschwiegenheitspflicht gem § 115 Abs 4 ArbVG unterliegt und bejahendenfalls, ob diese im Interesse der diskriminierten Person bzw der Gesamtbelegschaft durchbrochen werden darf.

4. Zur Veröffentlichung der Einkommensberichte

Dies alles wäre von geringerer praktischer Bedeutung, wenn die Verpflichtung zur Veröffentlichung geschlechtsspezifischer Einkommensunterscheide bereits einen solchen faktischen Druck ausüben würde, dass Arbeitgeber:innen von sich aus bereit sind, sich rechtskonform zu verhalten. Die verhaltenssteuernde Wirkung des Prinzips „naming and shaming“ ist aus anderen Zusammenhängen bekannt und erprobt. Der Gesetzgeber hat jedoch für den Einkommensbericht gem § 11a

36 OGH 8 ObA 17/15f DRdA 2016, 51 (*Schneller*).
37 Vgl ausführlich *Felten* in Felten/Konstatzky/Schrittwieser, Lohngleichheit (2019) 89 ff.

GlBG de lege lata keine derartige Veröffentlichungspflicht vorgesehen. Er ist bestenfalls einer innerbetrieblichen Öffentlichkeit zugänglich zu machen und auch das nur, wenn es keine Organe der Arbeitnehmerschaft im Betrieb bzw Unternehmen gibt. Ansonsten obliegt es diesen, zu entscheiden, in welcher Form und in welchem Ausmaß Einzelne oder die Belegschaft von den Inhalten des Einkommensberichts informiert werden. In diesem Zusammenhang ist nicht einmal gesichert, ob dem (Zentral-)Betriebsrat überhaupt das Recht zukommt, den Bericht der Gesamtbelegschaft, zB im Rahmen einer Betriebsversammlung, zur Kenntnis zu bringen. In § 11a GlBG ist dies jedenfalls nicht explizit vorgesehen.[38] Mit anderen Worten: Es ist weder gewährleistet, dass Einzelne von Diskriminierung Betroffene davon erfahren, dass der eigene Entgeltbezug merklich vom Median- oder Durchschnittseinkommen abweicht, noch dass die Gesamtbelegschaft in Kenntnis gesetzt wird, dass im Betrieb geschlechtsspezifische Einkommensunterschiede festgestellt wurden. Von „Entgelttransparenz" kann vor diesem Hintergrund also eigentlich nicht die Rede sein.

IV. Einkommenstransparenz de lege ferenda: Die neue Entgelttransparenz-RL

In Anbetracht der Vielzahl an konzeptionellen Defiziten des geltenden Einkommensberichts gem § 11a GlBG kommt dem Umstand maßgebliche Bedeutung zu, dass auf europäischer Ebene das Thema „Entgelttransparenz" zuletzt stärker in den sozialpolitischen Fokus gerückt ist. Denn der „Gender Pay Gap" ist wahrlich kein rein österreichisches, sondern ein paneuropäisches Phänomen, wie die Erhebungen von Eurostat belegen.[39] Das ist insofern bemerkenswert, als der Grundsatz des gleichen Entgelts für gleiche oder gleichwertige Arbeit nicht nur in Art 157 AEUV primärrechtlich verankert ist und damit Anwendungsvorrang genießt.[40] Vielmehr wurde das Gebot der Entgeltgleichbehandlung zwischen Männern und Frauen mit Art 21 GRC auch zu einem Grundrecht ausgebaut. Die Europäische Union hat damit die stärksten, ihr zur Verfügung stehenden

---

38 Skeptisch daher *Firlei*, DRdA 2011, 244.

39 Eurostat, geschlechtsspezifischer Lohnunterschied (ohne Anpassungen), erstellt am 1.3.2023, https://ec.europa.eu/eurostat/statistics-explained/index.php?title=Gender_pay_-gap_statistics.

40 *Brameshuber/Kuras* in Jäger/Stöger, EUV/AEUV Art 157 AEUV Rz 19.

rechtlichen Waffen in Stellung gebracht, um Entgeltungleichbehandlung zwischen den Geschlechtern zu bekämpfen. Dennoch wirken diese in der Praxis offenkundig nicht. Die Europäische Kommission hat sich daher veranlasst gesehen, eine Gesetzesinitiative in die Wege zu leiten, um die Effektivität der Umsetzung und der Durchsetzung des Grundsatzes des gleichen Entgelts in der Praxis zu verbessern.[41] Der zentrale Schlüssel dafür wird in einer verstärkten Lohntransparenz gesehen. Diese soll zum einen Arbeitnehmer:innen in die Lage versetzen, „mögliche Diskriminierungen aufgrund des Geschlechts aufzudecken und nachzuweisen." Zum anderen sollen dadurch „geschlechtsspezifische Verzerrungen in Vergütungssystemen und bei der beruflichen Einstufung" offengelegt werden.[42] Nach zweijähriger Diskussion[43] konnten sich der Rat und das Europäische Parlament im Jahr 2023 schlussendlich auf eine neue Richtlinie 2093/970 zur Stärkung der Anwendung des Grundsatzes des gleichen Entgelts für Männer und Frauen bei gleicher oder gleichwertiger Arbeit durch Entgelttransparenz und Durchsetzungsmechanismen (im weiteren kurz: Entgelttransparenz-RL) einigen.[44]

Die neue Entgelttransparenz-RL gliedert sich inhaltlich im Wesentlichen in drei Themenblöcke: (1) Anwendung des Grundsatzes des gleichen Entgelts für gleiche und gleichwertige Arbeit, (2) Entgelttransparenz und (3) Rechtsdurchsetzung.

1. Gleiches Entgelt für gleiche und gleichwertige Arbeit

Art 4 der Richtlinie ist direkt an die Mitgliedstaaten adressiert und verpflichtet diese, Instrumente oder Methoden zu entwickeln bzw zur Verfügung zu stellen, die Arbeitgeber:innen, aber auch Sozialpartnern, helfen sollen, Arbeit geschlechtsneutral bewerten zu können und damit den „Wert der Arbeit" besser vergleichbar zu machen. Damit soll auch Unterstützung bei der korrekten Einstufung in das jeweilige Gehaltssystem geboten werden. Im Kern geht es darum, Kriterien und Methoden zu entwickeln, die für die Praxis überprüfbar machen sollen, ob „gleiche" oder „gleichwertige" Arbeit vorliegt bzw ob sich die betreffenden Personen in einer „vergleichbaren Situation" befinden. Die Richtlinie nennt in diesem Zusam-

41 COM(2021) 93 final.
42 COM(2021) 93 final.
43 https://eur-lex.europa.eu/legal-content/DE/HIS/?uri=CELEX:52021PC0093 (abgerufen am 28.2.2024).
44 ABl L 132/21.

menhang als konkrete Referenzpunkte die fachliche und soziale Kompetenz, die mit der Arbeit verbundene Belastung und Verantwortung sowie die Arbeitsbedingungen.

Flankierend wird in Art 19 der Richtlinie der Rahmen für die gebotene Gleichwertigkeitsprüfung abgesteckt. Die Prüfung ist weder auf Arbeitnehmer:innen desselben Arbeitgebers bzw derselben Arbeitgeberin noch auf solche, die zur gleichen Zeit beschäftigt werden, beschränkt. Auch hypothetische Vergleichspersonen können gem Art 19 Abs 4 herangezogen werden. Im Wesentlichen handelt es sich dabei um eine Positivierung der Judikatur des EuGH.[45]

Der inhaltliche Schwerpunkt der Richtlinie liegt freilich auf der Entgelttransparenz. Die Art 5 bis 12 enthalten unterschiedliche Maßnahmen, die diesem Zweck dienen und in unterschiedlichen Stadien des Arbeitsverhältnisses ansetzen.

2. Maßnahmen für mehr Entgelttransparenz

Art 5 der RL verfolgt das Ziel, bereits im Zuge der Einstellung Transparenz über die zu erwartenden Entgeltbedingungen zu schaffen. Zu diesem Zweck werden Arbeitgeber:innen gem Art 5 Abs 1 verpflichtet, bereits in der Stellenausschreibung auf das Einstiegsentgelt für die betreffende Stelle oder dessen Spanne sowie auf die einschlägigen Bestimmungen des anzuwendenden Tarifvertrags hinzuweisen; eine Anordnung, die in Österreich bereits seit dem Jahr 2011 existiert[46] und folglich keinen spezifischen Umsetzungsbedarf auslöst. Neu ist hingegen das Verbot, Stellenwerber:innen nach der Entgeltentwicklung in ihrem laufenden oder einem vergangenen Beschäftigungsverhältnis zu fragen. Die derzeit gängige Praxis, im Zuge der Bewerbungsgespräche einen aktuellen Lohnnachweis zu verlangen, hat damit ein Ablaufdatum. Ebenfalls ein für Österreich gänzlich neuer Ansatz ist die in Art 6 der Richtlinie vorgesehene Verpflichtung, dass Arbeitgeber:innen gegenüber ihren Arbeitnehmer:innen offenlegen müssen, nach welchen Kriterien sie die Höhe des Entgelts festgesetzt haben und nach welchen Kriterien sich die weitere Entgeltentwicklung bestimmt. Letzteres bedeutet, dass darzulegen ist, welche Faktoren ausschlaggebend für eine Erhöhung des derzeitigen Entgeltbe-

---

45 *Rolfs/Lex*, Die Entgelttransparenz-Richtlinie: Entgeltgleichheit zum Preis bürokratischer Überlastung? NZA 2023, 1355.

46 Vgl § 9 Abs 2 GlBG.

zugs sind. In den Erwägungsgründen werden in diesem Zusammenhang beispielhaft die Leistung, Kompetenzentwicklung und auch das Dienstalter genannt.[47]

Während des laufenden Arbeitsverhältnisses soll Art 7 zu mehr Transparenz führen. Dieser räumt Arbeitnehmer:innen ein individuelles Auskunftsrecht über ihre eigene Entgelthöhe sowie die durchschnittlichen Entgelthöhen, aufgeschlüsselt nach Geschlecht und Gruppen von Arbeitnehmer:innen, die gleiche oder gleichwertige Arbeit leisten, ein. Die Richtlinie sieht in diesem Zusammenhang ausdrücklich vor, dass für Arbeitnehmer:innen – wohl zusätzlich – die Möglichkeit bestehen muss, diese Informationen auch über ihre Arbeitnehmervertreter sowie über eine Gleichbehandlungsstelle zu erhalten. Das setzt im Umkehrschluss voraus, dass die Arbeitnehmervertreter berechtigt sein müssen, diese Informationen an einzelne Arbeitnehmer:innen, die ein entsprechendes Auskunftsbegehren formulieren, weiterzugeben. Für Österreich bedeutet dies, dass Betriebsräte, die solche Informationen gegenüber Betroffenen preisgeben, nicht ihre Verschwiegenheitspflicht gem § 115 Abs 4 ArbVG verletzen.

Darüber hinaus öffnet die Richtlinie einen weiteren, neuen Informationskanal für Arbeitnehmer:innen, die den Verdacht hegen, diskriminiert zu werden. Die Anordnung in Art 7 Abs 5 und Abs 6, dass Arbeitnehmer:innen nicht durch Verschwiegenheitsklauseln an der Offenlegung ihres Entgelts gehindert werden dürfen, wenn auf diese Weise der Grundsatz des gleichen Entgelts für gleiche Arbeit durchgesetzt werden soll, bedeutet nichts weniger, als dass die Möglichkeit bestehen muss, auch direkt bei Arbeitskolleg:innen den konkreten Entgeltbezug zu erfragen, um auf diese Weise einen Beweis für die vermutete Entgeltdiskriminierung zu erlangen.

Das zentrale rechtliche Instrument, um mehr Transparenz zu schaffen, ist allerdings die Berichterstattung über das Entgeltgefälle zwischen den Geschlechtern, die in den Art 9 ff der Richtlinie geregelt ist. Für Österreich handelt es sich dabei um Altbekanntes. Das GlBG sieht bereits seit mehr als zehn Jahren die Verpflichtung zur Erstellung von Einkommensberichten zur Entgeltanalyse gem § 11a GlBG vor. Die unionsrechtlichen Vorgaben werden aber dazu zwingen, die bestehenden Regelungen zu adaptieren. Denn die europäische Entgeltberichterstattung unterscheidet sich in einigen zentralen Punkten fundamental vom österreichischen Einkommensbericht. Das beginnt schon bei der Frage, wer zu berichten hat. Das GlBG sieht aktuell einen Schwellenwert von 150 Arbeitnehmer:innen vor, der erreicht sein muss, um der Berichtspflicht zu unterliegen. Die

47 Erwägungsgrund 35.

Richtlinie lässt die Pflicht zur Entgeltberichterstattung hingegen – allerdings erst mit 7. Juni 2031 – bereits bei 100 Arbeitnehmer:innen greifen. Ein Unterschied besteht auch darin, worüber zu berichten ist. Gem § 11a Abs 1 GlBG sind im Einkommensbericht ausschließlich die Median- oder Durchschnittsgehälter, getrennt nach Geschlechtern für die jeweiligen kollektivvertraglichen Verwendungsgruppen, auszuweisen. Die Verpflichtung zur Entgeltberichterstattung nach der Entgelttransparenz-RL ist hingegen ausdifferenzierter. So ist zwar gem Art 9 Abs 1 auch das „mittlere geschlechtsspezifische Entgeltgefälle" auszuweisen, dieses allerdings getrennt nach dem Grundlohn (lit c) und ergänzenden oder variablen Entgeltbestandteilen (lit d). Darüber hinaus muss aber auch „das geschlechtsspezifische Entgeltgefälle", ebenfalls getrennt nach Grundlohn (lit a) und ergänzenden bzw variablen Entgeltbestandteilen (lit b) offengelegt werden. Wenn einmal vom „geschlechtsspezifischen" und ein anderes Mal vom „mittleren geschlechtsspezifischen Entgeltgefälle" die Rede ist, dann heißt das wohl, dass nicht wie gem § 11a GlBG entweder das Durchschnitts- oder das Medianarbeitsentgelt, sondern beides anzuführen ist.[48]

Die größte Neuerung auf Grund der Richtlinie wird allerdings sein, dass auf Basis des Entgeltsberichts eine verpflichtende Entgeltbewertung durchzuführen ist, sollte sich aus der Berichterstattung ergeben, dass ein geschlechtsspezifischer Unterschied bei der durchschnittlichen Entgelthöhe von mindestens 5 Prozent vorliegt und der Arbeitgeber bzw die Arbeitgeberin entweder keine geschlechtsneutralen Rechtfertigungsgründe vorbringen kann oder die Differenz nicht innerhalb eines Zeitraums von sechs Monaten korrigiert wird. Die Richtlinie enthält in Art 9 Abs 2 in diesem Zusammenhang konkrete Vorgaben, welche Gesichtspunkte im Rahmen dieser Entgeltbewertung, die von der Arbeitgeberin bzw dem Arbeitgeber gemeinsam mit der Arbeitnehmervertretung vorzunehmen ist, zu analysieren sind. Dazu zählt auch die Vereinbarung konkreter Maßnahmen, um den bestehenden Entgeltunterschied zu beseitigen (lit f). Für Österreich bedeutet dies, dass es nicht mehr ausreicht, den eigentlichen Zweck des Einkommensberichts gem § 11a Abs 1 GlBG, nämlich eine Entgeltanalyse zu ermöglichen, bloß abstrakt zu benennen, vielmehr bedarf es nun spezifischer Regelungen, die den Betriebsparteien Orientierung geben, wie diese Entgeltanalyse konkret durchzuführen ist und welche Maßnahmen als Reaktion auf nicht erklärbare Einkommensunterschiede zu setzen sind. Untätigkeit ist damit keine Option mehr.

48 *Winter*, Den Anforderungen der EU-Entgelttransparenzrichtlinie bald nachkommen – Die Zeit läuft, NZA 2024, 13.

Für Österreich ebenfalls revolutionär sind die Bestimmungen zur Veröffentlichungspflicht der Entgeltberichterstattung. Die Richtlinie sieht im Vergleich zur derzeitigen Regelung tatsächlich ein „Mehr“ an Transparenz vor. Nicht nur, dass gem Art 9 Abs 9 die Information über das durchschnittliche geschlechtsspezifische Entgeltgefälle, aufgeschlüsselt nach Grundgehalt und ergänzenden Bestandteilen sowie nach Arbeitnehmer:innengruppen, allen Arbeitnehmer:innen und Arbeitnehmervertretern zur Verfügung zu stellen ist. Auch den „Arbeitsaufsichtsbehörden“ und „Gleichbehandlungsstellen“ ist Zugang zu dieser Information zu eröffnen. Die gesamten Berichtsinhalte sind ferner (ebenso wie das Ergebnis der gemeinsam mit der Arbeitnehmervertretung vorgenommenen Entgeltbewertung)[49] an eine gem Art 29 der Richtlinie zu benennende Stelle zu übermitteln, deren Aufgabe – neben Aufklärungs- und Analysearbeit – sein wird, die Entwicklungen im Bereich der Entgeltgleichbehandlung und -transparenz zu überwachen. Damit aber nicht genug; die Richtlinie sieht gem Art 9 Abs 7 die weiterführende Verpflichtung der Arbeitgeberin bzw des Arbeitgebers vor, die zentralen Berichtsinhalte der Öffentlichkeit zugänglich zu machen: Entweder indem sie auf der Website der Arbeitgeberin bzw des Arbeitgebers veröffentlicht oder „auf eine andere Weise öffentlich zugänglich“ gemacht werden. Die bisher in § 11a GlBG vorgesehene rein unternehmens- bzw betriebsinterne Veröffentlichung reicht demnach nicht mehr aus.

3. Maßnahmen zur Verbesserung der Rechtsdurchsetzung

Kapitel III der Richtlinie widmet sich schlussendlich einer Effektuierung der Rechtsdurchsetzung. Viele der dort vorgesehenen Maßnahmen, zB die Beweislast (Art 18) oder die Unterstützung durch Gleichbehandlungsstellen und Arbeitnehmervertreter (Art 15) betreffend, sind bereits im GlBG oder GBK/GAW-Gesetz umgesetzt. Für Österreich neu ist hingegen die Anordnung, dass neben Schadenersatzansprüchen im Falle eines Verstoßes gegen den Entgeltgleichbehandlungsgrundsatz (Art 16) auch „wirksame, verhältnismäßige und abschreckende Sanktionen“ zu implementieren sind (Art 23). Die derzeitige Regelung des § 12 Abs 2 GlBG wird mit anderen Worten in Zukunft nicht ausreichen. Art 23 Abs 2 der Richtlinie stellt ausdrücklich klar, dass mit dem Begriff Sanktionen auch „Geldbußen“ gemeint sind.

49 Art 10 Abs 3 der RL.

Weniger eindeutig sind die möglichen Auswirkungen des Art 21, der sich mit Verjährungsfristen als Hemmnis für eine effektive Rechtsdurchsetzung beschäftigt. Auch in diesem Zusammenhang findet sich Altbekanntes, wie die Hemmung von Verjährungsfristen, sollte eine klagende Partei tätig werden (Art 21 Abs 2). In Österreich ist diese Anordnung bereits jetzt in § 15 Abs 2 GlBG umgesetzt. Sprengkraft könnte allerdings Art 21 Abs 2 haben, der klarstellt, dass Verjährungsfristen nicht kürzer als drei Jahre sein dürfen. Mit Blick auf die spezielle Verjährungsfrist für Entgeltansprüche gem § 1486 Abs 1 Z 5 ABGB erscheint diese Regelung zunächst unproblematisch. Allerdings verlangt die RL, dass die Frist erst ab (potentieller) Kenntnis vom Verstoß zu laufen beginnen darf. Im Anwendungsbereich des § 1486 ABGB war man bisher hingegen von einem objektiven Beginn des Fristenlaufs ausgegangen. Das wird in Zukunft nicht mehr aufrecht zu erhalten sein.[50] Darüber hinaus könnte Art 21 die bisherige Praxis in Frage stellen, durch Kollektivvertrag oder sogar Einzelarbeitsvertrag weitaus kürzere Verfallsfristen vorzusehen. Die Literatur hegt dagegen schon seit langem Bedenken,[51] der OGH vertritt hingegen in stRsp, dass nichts gegen kürzere Verfallsfristen spricht, solange diese nicht die Geltendmachung von Ansprüchen in unverhältnismäßiger Weise erschweren. [52]Art 21 Abs 2 geht offenkundig davon aus, dass Verjährungsfristen, die kürzer als drei Jahre sind, genau diesen Effekt haben. Allerdings findet sich in Abs 3 die schwer verständliche Anordnung, dass Art 21 nicht für „Vorschriften über das Erlöschen von Ansprüchen" gilt. Nach nationalem Verständnis könnten damit gerade „Verfallsfristen" gemeint sein, da diese nach der wohl herrschenden Auffassung zu einem „Erlöschen des Anspruches" dem Grunde nach führen.[53] Art 21 Abs 3 der RL könnte demnach so interpretiert werden, dass die Zulässigkeit der Vereinbarung von Verfallsfristen auf diese Weise unionsrechtlich abgesichert ist.[54] Diese Lesart ist allerdings keineswegs zwingend. Es gibt gewichtige Stimmen in der Lehre, die im Verfall bloß die Obliegenheit,

---

50 *S Greiner*, Die EU-Entgelttransparenzrichtlinie, ZAS 2024, 76 (82).

51 *Felten/Pfeil*, Strafbare Unterentlohnung nach dem LSD-BG und Verfall von Entgeltansprüchen, DRdA 2017, 81 ff; *Grillberger*, DRdA 2015, 36; *Jabornegg*, Verjährung und Verfall im Arbeitsrecht, DRdA 2015, 71 ff; *ders*, Verjährung und Verfall von Arbeitnehmerrechten, in FS Reischauer (2010) 187 ff; *Eypeltauer*, Verfall und Verjährung im Arbeitsrecht, DRdA 2013, 377.

52 OGH 9 Ob A 1/14h ZAS 2015/5, 32 (*Graf-Schimek*) = DRdA 2015/4, 34 (*Grillberger*); OGH 8 Ob A 34/07v DRdA 2008/41, 427 (*Eypeltauer*) = Arb 12.707.

53 M. *Bydlinski* in Rummel/Lukas/Geroldinger, ABGB[3] § 1451 Rz 5.

54 *Rolfs/Lex*, NZA 2023, 1359.

bestehende Ansprüche rechtzeitig anzumelden, sehen.[55] Unklar ist ferner, ob es sich bei Verjährung und Verfall wirklich um zwei unterschiedliche Rechtsinstitute handelt oder ob die Vereinbarung des Verfalls nicht mit der Vereinbarung einer Verkürzung der gesetzlichen Verjährungsfristen gleichzusetzen ist.[56] Genau das will freilich Art 21 der RL unterbinden. Unabhängig davon stellt sich die Grundsatzfrage, ob Art 21 Abs 3 unter Bezugnahme auf das nationale Recht oder autonom nach unionsrechtlichen Kriterien auszulegen ist. Hält man sich die Ziele der Entgelttransparenz-RL vor Augen, so spricht vieles für eine autonom unionsrechtliche Auslegung des Art 21 Abs 3. Darüber hinaus nimmt die RL nur „Vorschriften" über das Erlöschen von Ansprüchen aus. Einzelvertraglich vereinbarte Verfallfristen sind damit jedenfalls nicht gemeint. Es ist daher Vorsicht geboten, wenn man aus der nationalen Verfallsdogmatik Rückschlüsse auf die Nichtanwendbarkeit des Art 21 schließen will.

V. Zusammenfassende Bewertung

Stellt man sich nun die Frage, ob die neue Entgelttransparenz-RL das Potenzial hat, die strukturellen Defizite der derzeitigen Regeln zur Lohntransparenz in Österreich auszugleichen und das Einkommensgefälle zwischen Männern und Frauen tatsächlich zu verringern, so ist – vorbehaltlich der konkreten Umsetzung in Österreich – zu konstatieren, dass zumindest die notwendigen Weichen dafür gestellt wurden. Zum einen werden Arbeitgeber:innen angehalten, sich mit den eigenen Entgeltmodellen und ihrer Konzeption zu befassen und auseinanderzusetzen. Das kann zweifelsfrei helfen, bestehende Stereotype in der eigenen Entlohnungspolitik, die bisher unreflektiert fortgeschrieben wurden, zu hinterfragen. Zum anderen zwingt das Unionsrecht zur Einführung neuer Instrumente, die eine substanzielle Verbesserung des Status quo erwarten lassen, weil sie Abhilfe in Bereichen schaffen, in denen derzeit hohe Rechtsunsicherheit herrscht oder entsprechende Vorgaben überhaupt fehlen. Positiv hervorzuheben ist in diesem Zusammenhang vor allem das Verbot entgeltbezogener Verschwiegenheitsklauseln und die Verpflichtung zur Einführung eines individuellen Auskunftsanspruches über das Entgelt und dessen Zusammensetzung. Auch die obligate Vornahme einer Entgeltbewertung, die konkrete Maßnahmen zur Beseitigung von Einkom-

55 *Jabornegg*, DRdA 2015, 71.
56 *Felten/Pfeil*, DRdA 2017, 83.

mensunterschieden miteinschließt, sollten im Zuge der Entgeltberichterstattung nicht erklärbare Lohngefälle festgestellt werden, stellt einen qualitativen Fortschritt dar. Einen positiven Effekt könnte auch die Verpflichtung zur Veröffentlichung des Einkommensberichts über den eigenen Betrieb bzw das eigene Unternehmen hinaus haben. Die Sorge vor negativer medialer Berichterstattung und dem damit verbundenen Reputationsverlust hat für Unternehmen oftmals eine größere verhaltenssteuernde Wirkung als die Zurverfügungstellung von Instrumenten zur individuellen Rechtsdurchsetzung.

Zwar verfolgt auch die Entgelttransparenz-RL einen „Empowerment"-Ansatz, der in erster Linie darauf gerichtet ist, die Opfer von Entgeltdiskriminierung in die Lage zu versetzen, ihren Anspruch auf gleiches Entgelt am Rechtsweg durchzusetzen. Gleichzeitig werden die Mitgliedstaaten aber erstmals dazu gezwungen, neben rein zivilrechtlichen Instrumenten auch Sanktionen mit „abschreckender Wirkung" als Antwort auf nicht erklärbare Einkommensunterschiede vorzusehen. Das stellt einen Paradigmenwechsel dar, der in seiner Signalwirkung nicht unterschätzt werden darf. Denn in Anbetracht der Erfahrungen der Vergangenheit erscheint es zunehmend zweifelhaft, ob die Idee, dass mehr Information über die abstrakte und konkrete Entgeltfindung im Betrieb kombiniert mit mehr Unterstützung bei der Rechtsdurchsetzung wirklich zum Ziel führt und die Einkommensschere zwischen Männern und Frauen verringert. Das gilt umso mehr, wenn man den Effekt des bisherigen „Empowerment"-Ansatzes in Relation zum legistischen Aufwand und dem mit der Entgeltberichterstattung zweifelsohne verbundenen Bürokratiezuwachs stellt.

Kern des Problems ist nämlich weniger, dass vermeintliche Informationsdefizite über die branchen- und ortsübliche Entlohnung bestehen. Die eklatanten Einkommensunterschiede zwischen Männern und Frauen sind auch nicht auf Unterschiede im Verhandlungsgeschick zurückzuführen, denen mit legistischen Mitteln zu begegnen ist. Vielmehr ist der Gender-Pay-Gap zu einem überwiegenden Teil noch immer Reflex der ungleichen Verteilung der Familienlast zwischen Männern und Frauen, der unzulänglichen Anzahl an Ganztagesbetreuungsplätzen für (Klein-)Kinder sowie männerdominierter Führungs- und Entscheidungsstrukturen in den meisten (österreichischen) Unternehmen. Daran vermag auch mehr Entgelttransparenz nichts zu ändern.[57]

---

57 Ebenso *Rolfs/Lex*, NZA 2023, 1359.

Univ.-Prof. Dr. Reinhard Resch
Universität Linz

Arbeitsrechtliche Fragen bei langfristiger Arbeitskräfteüberlassung

1. Abgrenzung

Zentral ist die Frage, ob im Fall einer Langzeitüberlassung die Leiharbeits-RL einerseits und das AÜG andererseits grundsätzlich zur Anwendung gelangen und wie diese Normen zur Zulässigkeit einer solchen Konstruktion stehen (II. und III.). Eingegangen wird auch auf den Sonderfall der Personalgestellung. Die Arbeit beschränkt sich auf den Fall, dass nur der Überlasser auch der AG ist.[1] Festzuhalten ist, dass das nationale Recht in Deutschland klar vom österreichischen AÜG abweicht.[2]

Mehrere unmittelbar einschlägige EuGH-Entscheidungen haben in den letzten Jahren zu einer Änderung der Rechtslage geführt. Vorrangig wird daher auf das aktuelle Schrifttum eingegangen. Die Thematik ist literarisch ausführlich bearbeitet, die EuGH-Judikatur wird – insb im überbordenden deutschen Schrifttum – intensiv und höchst unterschiedlich gedeutet.[3] Man ist bei der Auslegung des Unionsrecht an die römischen Auguren erinnert.

2. Langzeitüberlassung und Leiharbeitsrichtlinie

Der **Kompromisscharakter** der Leiharbeits-RL wird in ihrem Wortlaut an verschiedenen Stellen sichtbar: Ausdrücklich werden in den Erwägungsgründen der Flexicurity-Grundsatz und das Erfordernis eines ausgewogenen Verhältnisses zwischen Flexibilität und Sicherheit auf dem Arbeitsmarkt beschworen.[4] Auch wird hervorgehoben, dass Leiharbeit nicht nur dem Flexibilisierungsbedarf der Unternehmen entspricht, sondern auch dem Bedürfnis der AN, Beruf und Privatleben zu vereinbaren.[5] Die RL legt einen diskriminierungsfreien, transparenten

---

1 Sonderformen wie insb Payrolling bleiben ausgeklammert; ausführlich dazu mwN *Baringer/Greiner*, Die Dauerüberlassung in Form des Payrollings und § 2 Abs 4 AMFG, ASoK 2021, 278.

2 Das dAÜG kennt eine Höchstüberlassungszeit, die wiederum zT tarifvertragsdispositiv ist (§ 1 Abs 1b dAÜG).

3 MwN *Kolbe* in *Franzen/Gallner/Oetker* (Hrsg), Kommentar zum europäischen Arbeitsrecht[4] (2022) RL 2008/104/EG Rz 16 ff; ausführliche Nachweise etwa auch bei *Sansone* in *Preis/Sagan* (Hrsg), Europäisches Arbeitsrecht[2] (2019) Rz 12.26 FN 71 und 72.

4 Erwägungsgrund 9.

5 Erwägungsgrund 11.

und verhältnismäßigen Rahmen zum Schutz des Leih-AN fest „und wahrt gleichzeitig die Vielfalt der Arbeitsmärkte und der Arbeitsbeziehungen."[6] Mindestens sollen die wesentlichen Arbeitsbedingungen vergleichbarer Stamm-AN erreicht werden.[7] Weil aber unbefristete Arbeitsverträge die übliche Form des Beschäftigungsverhältnisses sind, soll es möglich sein, von dem Standard des Beschäftigerbetriebs abzuweichen, wenn die Leih-AN einen unbefristeten Vertrag haben „angesichts des hierdurch gegebenen besonderen Schutzes".[8] Soweit der Text der RL selbst – und auch der EuGH hält fest, dass sich die RL „um einen Ausgleich zwischen dem Ziel der von den Unternehmen angestrebten Flexibilität und dem Ziel der Sicherheit, das dem Schutz der AN zuzuordnen ist", bemüht. Der EuGH sieht den „Willen des Unionsgesetzgebers, die Leiharbeitsbedingungen den ‚normalen' Arbeitsverhältnissen anzunähern".[9]

Sowohl im Anwendungsbereich als auch bei den Definitionen wird die RL nicht müde klarzustellen, dass sie **vorübergehende** Leiharbeit regelt.[10] Vom Grundsatz der Gleichbehandlung in Bezug auf das Arbeitsentgelt darf abgewichen werden, wenn Leih-AN einen unbefristeten Arbeitsvertrag mit dem Überlasser abgeschlossen haben und „auch in der Zeit zwischen den Überlassungen bezahlt werden."[11] Nach **Art 5 Abs 5 der RL** ergreifen die Mitgliedstaaten „die erforderlichen Maßnahmen …, um eine missbräuchliche Anwendung dieses Artikels zu verhindern und um insbesondere aufeinander folgende Überlassungen, mit denen die Bestimmungen der Richtlinie umgangen werden sollen, zu verhindern."

Aus der 2016 ergangenen **Entscheidung Ruhrlandklinik** hätte man voreilig den Schluss ziehen können, dass der EuGH die Leiharbeits-RL auch auf dauernde Überlassungen anwendet.[12] Allerdings fragte das vorlegende BAG nur, ob die im konkreten Sachverhalt dauerhaft überlassenen Schwestern der Schwesternschaft des Roten Kreuzes als AN iSd Richtlinie anzusehen sind, obwohl ihre Arbeit nur auf dem Vereinsbeitritt zur Schwesternschaft beruhte und die Schwesternschaft ihrerseits durch Gestellungsverträge die Schwestern an Krankenanstalten überlassen hat. Der EuGH geht in seiner Entscheidung von einem eigenen uni-

---

6 Erwägungsgrund 12.

7 Erwägungsgrund 14.

8 Erwägungsgrund 15.

9 EuGH 14.10.2020, C-681/18 JH gegen KG Rz 51 ECLI:EU:C:2020:823 = DRdA 2021/25, 283 (*Gagawczuk*).

10 Art 1 Abs 1, Art 3 Abs 1 lit b, c, d und e

11 Art 5 Abs 2 der RL.

12 EuGH 17.11.2016, C-216/15.

onsrechtlichen AN-Begriff aus und bejaht insofern den Anwendungsbereich der RL. Die Frage, ob ein dauerhaftes Gestellungsverhältnis der RL unterliegt, wurde ihm in diesem Verfahren nicht unterbreitet und von ihm auch nicht thematisiert.

Zwei EuGH-Entscheidungen aus dem Jahr 2020 bzw 2022 widmen sich der Dauerüberlassung im Allgemeinen, eine 2023 ergangene der dauerhaften Personalgestellung.

Im **italienischen Fall KG**[13] interpretiert der EuGH Art 5 Abs 5 der RL so, dass sich die dort geregelte Verpflichtung der Mitgliedstaaten, die erforderlichen Maßnahmen gegen eine Umgehung durch aufeinanderfolgende Überlassungen zu setzen, auf die Umgehung aller Bestimmungen der RL bezieht.[14] Das ebenfalls im Abs 5 geregelte Missbrauchsverbot bezieht sich auf eine missbräuchliche Anwendung der möglichen Ausnahmen nach Abs 2 bis 4 dieses Artikels (vgl insb die Abweichungsmöglichkeit in Bezug auf das Entgelt nach Abs 2).

Art 5 Abs 5 der RL verpflichtet nach Ansicht des EuGH die Staaten nicht, eine Höchstzahl an aufeinanderfolgenden Überlassungen desselben AN beim selben Beschäftiger vorzusehen oder den Einsatz von befristeter AN-Überlassung „von der Angabe der technischen oder mit der Produktion, der Organisation oder der Ersetzung eines AN zusammenhängenden Gründe abhängig zu machen."[15]

Der EuGH hält fest, dass „die übliche Form des Beschäftigungsverhältnisses unbefristete Arbeitsverträge sind. Diese RL zielt daher auch darauf ab, den Zugang der Leih-AN zu unbefristeter Beschäftigung bei dem entleihenden Unternehmen zu fördern."[16]

Aus Art 5 Abs 5 der RL folgert der EuGH, dass damit dem Mitgliedstaat verwehrt ist, keine Maßnahmen zu ergreifen, um den vorübergehenden Charakter der Leiharbeit zu wahren.[17]

Der EuGH gibt nun Anhaltspunkte, wann aus Sicht des nationalen Gerichts ein Hinweis auf einen missbräuchlichen Einsatz aufeinanderfolgender Überlassungen iSd Art 5 Abs 5 der RL vorliegen kann:[18]

---

13 EuGH 14.10.2020, C-681/18 JH gegen KG ECLI:EU:C:2020:823 = DRdA 2021/25, 283 (*Gagawczuk*).
14 Rz 59 des Urteils.
15 Rz 42 des Urteils.
16 Rz 51 des Urteils.
17 Rz 63 des Urteils.
18 Rz 69 bis 72 des Urteils.

Ist die Beschäftigungsdauer bei dem einen Unternehmen durch aufeinanderfolgende Überlassungen desselben AN länger, „als was vernünftigerweise als ‚vorübergehend' betrachtet werden kann, könnte dies ein Hinweis" auf Missbrauch sein. Der EuGH sagt „könnte", es ist also nicht unbedingt ein Hinweis.[19]

Auch umgehen aufeinanderfolgende Überlassungen desselben AN an denselben Beschäftiger „den Wesensgehalt der Bestimmungen der RL 2008/104 und kommen einem Missbrauch dieser Form der Beschäftigungsverhältnisse gleich, da sie den Ausgleich, den diese Richtlinie zwischen der Flexibilität für die AG und der Sicherheit für die AN herstellt, beeinträchtigen, indem sie Letztere unterminieren."[20]

Zuletzt verlangt der EuGH eine Art Sachlichkeitskontrolle bei der Prüfung einer Umgehung der RL, „wenn in einem konkreten Fall keine objektive Erklärung dafür gegeben wird, dass das betreffende entleihende Unternehmen auf eine Reihe aufeinanderfolgender Leiharbeitsverträge zurückgreift ... und dies erst recht, wenn es derselbe Leih-AN ist, der dem entleihenden Unternehmen durch die fragliche Reihe von Verträgen überlassen wird."[21]

In der 2022 ergangenen **Rs Daimler**[22] wird klargestellt, dass die RL auch Überlassungen auf einem Arbeitsplatz erlaubt, der dauerhaft vorhanden ist und der nicht bloß vertretungsweise besetzt wird: Schon der Wortlaut zeige, dass „vorübergehend" nicht darauf abzielt, den Einsatz von Leiharbeit auf Arbeitsplätze zu beschränken, die nicht dauerhaft vorhanden sind oder die vertretungsweise besetzt werden.[23]

Klargestellt wird auch, dass aus Art 5 Abs 5 keine Verpflichtung der Mitgliedstaaten folgt, eine (auch in der RL selbst nicht vorgesehene) Höchstdauer der Überlassung festzulegen, ab der die Überlassung nicht mehr vorübergehend ist: Überhaupt verpflichtet die RL die Mitgliedstaaten nicht zu bestimmten Regelungen in diesem Bereich – aber: Die Mitgliedstaaten haben dafür Sorge zu tragen, dass Leiharbeit bei demselben Beschäftiger nicht zu einer Dauersituation für einen Leih-AN wird.[24]

---

19 Rz 69 des Urteils.
20 Rz 70 des Urteils.
21 Rz 71 des Urteils.
22 EuGH 17.3.2022, C 232/20 NP gegen Daimler AG ECLI:EU:C:2022:196 = JAS 2022, 266 (*Greiner*) = DRdA 2022/48, 565 (*Schindler*).
23 Rz 28 ff des Urteils.
24 Rz 53 ff des Urteils.

Möglich wäre, dass das nationale Recht eine solche bestimmte Dauer festlegt, die aber „notwendigerweise vorübergehend“ sein muss, dh „nach der Bedeutung dieses Begriffs im allgemeinen Sprachgebrauch zeitlich begrenzt ist“.[25]

Dann erwägt der EuGH, was Rechtens ist, wenn das nationale Recht eine solche Dauer nicht festlegt:[26] „Es ist dann Sache des nationalen Gerichts, diese Dauer für jeden Einzelfall und unter Berücksichtigung sämtlicher relevanter Umstände, zu denen insb die Branchenbesonderheiten zählen, zu bestimmen.“[27]

Eine Umgehung iSd Abs 5 kann nach Maßgabe der Feststellungen des nationalen Gerichts aus folgenden Erwägungen anzunehmen sein:[28]

1) Die aufeinander folgenden Überlassungen sind länger „als das, was unter Berücksichtigung sämtlicher relevanter Umstände, zu denen insb die Branchenbesonderheiten zählen, vernünftigerweise als ‚vorübergehend‘ betrachtet werden kann“.

2) Es kann keine objektive Erklärung dafür gegeben werden, warum der betreffende Beschäftiger auf eine Reihe aufeinanderfolgender Überlassungsverträge zurückgreift.

Ausführlich geht der EuGH auf die Frage ein, was Rechtens ist, wenn das nationale Recht keine geeigneten Maßnahmen bzw Sanktionen vorsieht: Diese müssen ja wirksam, angemessen und abschreckend sein.[29] Allerdings hat der betreffende AN auf Grund der RL kein subjektives Recht etwa auf Begründung eines Arbeitsvertrags mit dem Beschäftiger als Sanktion,[30] wenn eine solche Rechtsfolge nicht im nationalen Recht vorgesehen ist: Es sind nämlich in der RL selbst die Rechtsfolgen bzw Sanktionen gerade nicht vorgegeben. Der AN bleibt im Fall der Nichtumsetzung der RL damit auf Schadenersatzansprüche gegenüber dem Staat beschränkt.[31]

---

25 Rz 57 des Urteils.
26 Rz 58 ff des Urteils.
27 Rz 58 des Urteils.
28 Rz 60 ff des Urteils.
29 Rz 95 des Urteils unter Hinweis auf den 21. Erwägungsgrund.
30 Rz 97 des Urteils.
31 Rz 100 des Urteils.

Die dauerhafte **Personalgestellung** ist eine Form der atypischen Arbeitskräfteüberlassung: Im 2023 ergangenen Urteil in der **Rs ALB FILS Kliniken GmbH**[32] hat sich der EuGH diesem Thema erstmals im Detail gewidmet.

Personalgestellungskonstruktionen sind in Österreich zT bei Ausgliederungen der öffentlichen Hand gewählt worden, insb bei der Ausgliederung der Landeskrankenanstalten. Aus arbeitsrechtlicher Sicht ist eine solche Ausgliederung ein Betriebsübergang iSd Betriebsübergangs-RL,[33] bei dem die Betriebsübergangs-RL den Übergang der Arbeitsverträge auf den neuen Rechtsträger als Rechtsfolge vorsieht,[34] allenfalls wäre ein Widerspruch des AN gegen den Betriebsübergang ein Thema.[35] Während im deutschen Arbeitsrecht die Konstruktion als Personalgestellung bezeichnet wird, wäre es in der österreichischen Diskussion ein Fall atypischer Arbeitskräfteüberlassung. Haben dann etwa die AN ihren Arbeitsvertrag weiterhin zum Land als AG und erbringen sie ihre Dienstleistung der Betriebsgesellschaft, liegt Arbeitskräfteüberlassung vor, also Leiharbeit: Das Land als AG ist Überlasser, die Betriebsgesellschaft Beschäftiger.

Fraglich ist, ob auf diese Art der Dauerüberlassung die Leiharbeits-RL zur Anwendung kommt und in welchen Punkten der gem Art 21 B-VG regelungszuständige Dienstrechtsgesetzgeber an die Leiharbeits-RL gebunden ist. Eine auf Vorlage des BAG[36] ergangene Entscheidung des EuGH[37] betraf einen Mitarbeiter einer Krankenanstalt: Ausgangspunkt war ein Arbeitsgerichtsprozess eines AN

---

32 EuGH 22.6.2023, Rs C-427/21 LD vs ALB FILS Kliniken GmbH ECLI:EU:C:2023:505 = ZIP 2023, 1761 = NZA 2023, 815.

33 RL 2001/23/EG des Rates vom 12.3.2001 zur Angleichung der Rechtsvorschriften der Mitgliedstaaten über die Wahrung von Ansprüchen der AN beim Übergang von Unternehmen, Betrieben oder Unternehmens- oder Betriebsteilen, ABl L 82 vom 22.3.2001, 16 idFd RL (EU) 2015/1794 des Europäischen Parlaments und des Rates vom 6.10.2015, ABl L 263 vom 8.10.2015, 1; etwa die Ausgliederung in einer Krankenanstalt betreffend EuGH 20.11.2003, C-340/01 ECLI:EU:C:2003:629. Vgl Art 1 Z 1 Betriebsübergangs-RL; zur Geltung für durch Gesetz angeordnete Betriebsübergänge mwN *Winter* in *Franzen/Gallner/Oetker* (Hrsg), Kommentar zum europäischen Arbeitsrecht[4] (2022) RL 2001/23/EG Art 1 Rz 58.

34 Art 3 Abs 1 Betriebsübergangs-RL.

35 Im System des AVRAG ist ein solcher Widerspruch nicht als allgemeiner Widerspruch konstruiert (RIS-Justiz 0126635); im Unionsrecht wird diskutiert, ob aus der Betriebsübergangs-RL ein allgemeines Widerspruchsrecht abzuleiten ist – mwN *Winter* in *Franzen/Gallner/Oetker* (Hrsg), Kommentar zum europäischen Arbeitsrecht[4] (2022) RL 2001/23/EG Art 3 Rz 74 ff.

36 Vorlagebeschluss des BAG 16.6.2021 – 6 AZR 390/20 NZA 2021, 1269.

37 EuGH 22.6.2023, C-427/21 LD gegen ALB FILS Kliniken GmbH ECLI:EU:C:2023:505.

einer Krankenanstalt, die von einer juristischen Person privaten Rechts betrieben wurde, deren einziger Gesellschafter eine juristische Person öffentlichen Rechts ist, nämlich der Landkreis. Auf das Arbeitsverhältnis findet der Tarifvertrag für den öffentlichen Dienst (TVöD) Anwendung. Im Juni 2018 wurde der Arbeitsbereich des AN auf die neu gegründete A Service GmbH ausgegliedert (die Bereiche Poststelle, Archiv und Bibliothek), eine 100%ige Tochter des AG. Der AN erhob gem § 613a Abs 6 BGB Widerspruch gegen den Betriebsübergang und blieb damit AN bei der Muttergesellschaft. Im Verfahren ist nun der AN der Ansicht, dass das deutsche Recht gegen die Leiharbeits-RL 2008/104 verstoße, da eine dauerhafte AN-Überlassung erlaubt werde. Gestritten wird über die Wirksamkeit der Gestellung, konkret ob die Ausnahme des deutschen AÜG für Gestellungen im Rahmen des TVöD der Leiharbeits-RL widerspricht.[38]

Der EuGH **verneint** im konkreten Sachverhalt die **Anwendbarkeit der Leiharbeits-RL** mit folgenden Argumenten:

Erstens folgt aus Art 1 Abs 1 Leiharbeits-RL sowie den Begriffsdefinitionen „entleihendes Unternehmen“ und „Überlassung“ in Art 3 Abs 1 lit c und e Leiharbeits-RL, „dass das Arbeitsverhältnis mit einem entleihenden Unternehmen seiner Natur nach vorübergehend ist“.[39] Damit ein Arbeitsverhältnis unter die RL fällt, muss der AG „sowohl bei Abschluss des betreffenden Arbeitsvertrags als auch bei jeder der tatsächlich vorgenommenen Überlassungen die Absicht haben, den betreffenden AN einem entleihenden Unternehmen vorübergehend zur Verfügung zu stellen.“[40] Nun hatte aber der AG im konkreten Fall bei Abschluss des Arbeitsvertrags noch nicht die Absicht, diesen AN einem entleihenden Unternehmen zur Verfügung zu stellen. Auch während des Arbeitsvertrags fehlte – so der EuGH – diese Absicht des AG, weil ja der AN dem Betriebsübergang widersprochen hat.[41]

Zweitens kann für den EuGH eine dauerhafte Verlagerung der Aufgaben eines AN „auf ein Drittunternehmen kein vorübergehendes Arbeitsverhältnis mit dem Drittunternehmen“ begründen[42] – angesprochen wird der Begriff „vorübergehend“.

---

38 Vgl auch das Urteil des ArbG Stuttgart 22.1.2020 – 3 Ca 3760/19 BeckRS 2020, 48908 und das Urteil des LAG Baden-Württemberg 13.7.2020 – 7 Sa 19/20.

39 Rz 40 bis 42.

40 Rz 44.

41 Rz 46.

42 Rz 47.

Drittens[43] sehen die Erwägungsgründe der RL in unbefristeten Arbeitsverträgen die übliche Form des Beschäftigungsverhältnisses, auch müssen Leih-AN über die im entleihenden Unternehmen offenen Stellen unterrichtet werden, damit sie die gleichen Chancen auf einen unbefristeten Arbeitsplatz haben wie die übrigen AN dieses Unternehmens. Die RL beziehe sich ausschließlich auf vorübergehende Arbeitsverhältnisse, Übergangsarbeitsverhältnisse oder zeitlich begrenzte Arbeitsverhältnisse und nicht auf Dauerarbeitsverhältnisse.[44] Dem steht sE nicht entgegen, dass die Mitgliedstaaten Sorge zu tragen haben, dass Leiharbeit bei demselben entleihenden Unternehmen nicht zu einer Dauersituation für den AN wird und dass sie Maßnahmen zu ergreifen haben, um den vorübergehenden Charakter der Leiharbeit zu wahren: Das nationale Recht muss Maßnahmen vorsehen, um aufeinanderfolgende Überlassungen desselben AN an dasselbe entleihende Unternehmen mit dem Ziel, die Bestimmungen der RL zu umgehen, zu verhindern.[45] Im vorliegenden Fall sei aber jede Gefahr des Missbrauchs oder der Umgehung der RL ausgeschlossen: Einerseits hatte der AG (ursprünglich) nicht die Absicht, den AN dem Beschäftiger zur Verfügung zu stellen und andererseits bestand der ursprüngliche Arbeitsvertrag deshalb weiter, weil der AN sein Widerspruchsrecht geltend gemacht hat.

Als viertes Argument verweist der EuGH auf den Normzweck, dass nicht nur dem Flexibilitätsbedarf der Unternehmen entsprochen werden soll, sondern auch der Vereinbarkeit von Beruf und Privatleben. Die RL bemüht sich daher um einen Ausgleich zwischen dem Flexibilitätsinteresse des AG und dem Schutzinteresse des AN. Wille des Unionsgesetzgebers ist die Annäherung an die übliche Form der unbefristeten Beschäftigungsverhältnisse.[46] Wenn nun die Aufgaben endgültig auf ein Drittunternehmen verlagert werden, kann der Normzweck Flexibilität der Unternehmen, die Schaffung neuer Arbeitsplätze oder die Förderung des Zugangs zu unbefristeter Beschäftigung nicht relevant sein, weil der Arbeitsvertrag fortbesteht. Er ergänzt dies noch um eine weitere Überlegung: „Außerdem kann der AN … dem Übergang seines Arbeitsverhältnisses auf das Drittunternehmen widersprechen, was zur Folge hat, dass ihm sämtliche Arbeitsbedingungen erhalten bleiben, die für ihn vor der Verlagerung seiner Aufgaben galten. Daher ist auf diese Situation“ der in der Leiharbeits-RL „vorgesehene Schutz nicht anwendbar.“[47]

43 Rz 49 bis 52.
44 Rz 50.
45 Rz 51.
46 Vgl Rz 54.
47 Rz 56.

ME bringt die Entscheidung keinen Persilschein für alle Personalgestellungskonstruktionen. Sobald AG also die Personalgestellung dazu nützen, die Rechte der AN aus der Leiharbeit-RL zu umgehen, werden sie sich nicht ohne weiteres auf die vorliegende Entscheidung stützen können.[48]

3. Auslegung aus dem Blickwinkel des AÜG

3.1 Gang der weiteren Untersuchung

Im Folgenden ist – vorrangig nur unter Berücksichtigung des aktuellen Schrifttums – der Frage nachzugehen, wie die Vorgaben des EuGH im Hinblick auf das österreichische AÜG zu verstehen sind. Selbst diese aktuellen zit Stellungnahmen sind noch vor der jüngsten Entscheidung zur Personalgestellung ergangen, jene von *Schrattbauer* auch noch vor der Rs Daimler.[49] Hinzuweisen ist darauf, dass sich zur Rechtslage vor den genannten EuGH-Entscheidungen *Schörghofer* mit der nicht vorübergehenden Überlassung beschäftigt hat.[50] Es ist in diesem Rahmen nicht möglich, die zur konkreten Thematik ausgeführten Überlegungen in der Literatur alle in der gebührenden Breite darzustellen, sodass die folgenden Ausführungen notgedrungen bei der Problemauswahl selektiv bleiben.[51]

3.2 Lösungsvorschläge in der Literatur

3.2.1 Schrattbauer

Schrattbauer[52] zeigt einerseits auf, dass die Langzeitüberlassung bedingt durch die doppelte Absicherung des Entgeltanspruchs in § 10 AÜG (das KollV-Niveau von

48 *Hamann*, HSI-Report 2023/2, 5 (9); *Resch*, Personalgestellung an ausgegliederte Krankenanstalten und Leiharbeitsrichtlinie, JMG 2023, 332 (335).

49 Aktuell ist etwa auch die in Linz approbierte Diplomarbeit von *Katterl*, Langfristige Arbeitskräfteüberlassung und die damit einhergehenden Rechtsprobleme (2023).

50 *Schörghofer*, Grenzfälle der Arbeitskräfteüberlassung (2015).

51 Einige Themen haben sich durch die EuGH-Entscheidungen der letzten Jahre auch erübrigt.

52 Der vorübergehende Charakter der Leiharbeit und das österreichische AÜG, FS Pfeil (2022) 293; ausführlich bereits *dies*, Arbeitskräfteüberlassung. Chance oder Risiko für Problemgruppen des Arbeitsmarktes? (2015).

Überlasser- und Beschäftiger-KollV) sowie dem Referenzlohnzuschlag im Überlasser-KollV weniger ein ökonomisches Thema aus AN-Sicht darstellt und zu keiner prekären Einkommenssituation führt.[53] Sie führt aber folgende Bedenken auf, die gegen Langzeitüberlassungen sprechen:[54]

Die strukturellen Unsicherheiten dieser Beschäftigungsform werden auch bei langfristiger Überlassung nicht beseitigt. „Leih-AN sind erwiesenermaßen die ersten, die bei nachlassender Auftragslage ihre Beschäftigung verlieren. Das Damoklesschwert der kurzfristigen Rückstellung an den Überlasser mit der wahrscheinlichen Folge der Beendigung des Arbeitsverhältnisses schwebt nicht nur über bloß für eine vorübergehende Dauer oder für einen vorübergehenden Zweck überlassenen AN."[55] Ausführlich hat sie schon an anderer Stelle ausgeführt, dass der Schutz vor Arbeitsvertragsbeendigung wesentlich schwächer ist als bei anderen AN: Es bleibt ja dabei, dass, wenn die Überlassung beendet wird und der Überlasser das Arbeitsverhältnis nach einer gewissen Stehzeit kündigt, weil er keinen anderen Arbeitsplatz anbieten kann, eine Kündigungsanfechtung wenig aussichtsreich ist, auch wenn wesentliche Interessen beeinträchtigt sind.[56]

Sie zeigt auch arbeitsmarktpolitische Gründe auf, die die individuellen Aussichten auf eine Direkteinstellung sinken lassen: Wird Arbeitskräfteüberlassung zur Deckung eines dauerhaften Arbeitsbedarfs genützt, sind unerwünschte Schließungseffekte gegenüber dem externen Arbeitsmarkt damit verbunden. Je mehr Betriebe so ihren Arbeitskräftebedarf decken, desto geringer werden die Chancen Arbeitsloser auf eine Direktanstellung. Sie sieht darin auch eine disziplinierende Wirkung auf die Leih-AN: „Widerspruch bzw die Einforderung individueller Rechte könnten schließlich die ohnehin nicht allzu hohen Chancen auf Übernahme durch den Beschäftigerbetrieb gefährden."

Die Autorin untersucht die in der Literatur diskutierten im positiven Recht bestehenden Ansatzpunkte für einen Schutz vor Missbrauch durch Ketten- und Langzeitüberlassung, hält aber letztlich im nationalen Recht eine positivrechtliche Regelung erforderlich, um den unionsrechtlichen Vorgaben zu entsprechen.

53 AaO 297 f.
54 AaO 298 f.
55 Vgl auch *Schörghofer*, Grenzfälle der Arbeitskräfteüberlassung 7 ff, 90.
56 Arbeitskräfteüberlassung (2015) 90 ff; klar ausgesprochen nun von *Gagawzcuk*, DRdA 2021/25, 286.

3.2.2 Greiner

Greiner[57] geht auf die Frage ein, wann eine Überlassung „vorübergehend" ist. Mangels positivrechtlicher Regelung im nationalen Recht bleibt es – mit dem EuGH – bei einer Bestimmung durch das nationale Gericht im Einzelfall unter Berücksichtigung sämtlicher relevanter Umstände, wozu Branchenbesonderheiten zählen. Diese relevanten Umstände könnten sich sE etwa durch Heranziehung von in BV enthaltenen Höchstüberlassungsdauern oder von kollv-lichen Bestandschutzbestimmungen (welche die Kündigungsmöglichkeit des AG nach einer bestimmten Beschäftigungsdauer einschränken) konkretisieren lassen.[58] Er sucht an dieser Stelle auch aus der Judikatur des OGH Anhaltspunkte für die zeitliche Grenzziehung.[59]

Für die Unzulässigkeit von Dauerüberlassungen sieht er in der Daimler-Entscheidung eine Dreipunkteprüfung: Das Vorliegen mehrerer aufeinanderfolgender Überlassungen (1) ohne eine objektive Erklärung dafür (2) und dies für die Dauer einer nicht nur vorübergehenden Beschäftigung (3). „Als ‚objektive Erklärung' kommen dabei vor allem die Art des Arbeitsplatzes, namentlich, ob dieser dauerhaft vorhanden ist oder vertretungsweise besetzt wird, sowie technische oder mit der Produktion oder der Organisation zusammenhängende Gründe in Betracht".[60]

Er weist darauf hin, dass eine Dauerüberlassung anders als eine Kettenüberlassung das Sicherheitsbedürfnis des AN nicht unterminiert. Vielmehr wachse mit zunehmender Überlassungsdauer die Eingliederung in das entleihende Unternehmen. Dem Argument, dass der überlassene AN ständig das Überlassungsende befürchten müsse, hält er entgegen, dass der AN ja auch in einem direkten Arbeitsverhältnis zum Beschäftiger jederzeit gekündigt werden könne.[61]

Daher begründe erst das Zusammentreffen von Dauerüberlassung mit einer ungerechtfertigten Kettenüberlassung einen missbräuchlichen Einsatz.

Anpassungsbedarf im österreichischen Recht sieht *Greiner* nicht, da auch eine einzelfallbezogene gerichtliche Missbrauchskontrolle dem Verhindern von Miss-

---

57 Dauerhafte Kettenüberlassungen ohne Rechtfertigung sind unzulässig, JAS 2022, 277.
58 AaO 279 f.
59 AaO 280.
60 AaO 280.
61 AaO 282 entgegen *Schörghofer*, Grenzfälle der Arbeitskräfteüberlassung 90.

brauch genügt, wobei aber die Mitgliedstaaten frei sind, eine Höchstüberlassungsdauer zu regeln.[62]

Ausgehend von der im Daimler-Urteil postulierten Verpflichtung zur Regelung von (in der RL aber nicht spezifizierten) Sanktionen weist *Greiner* darauf hin, dass ein AG-Wechsel als Sanktion auf Basis des bestehenden österreichischen Rechts de lege lata ausscheidet.[63]

Interessant finde ich den folgenden Gedanken: Man könnte – so *Greiner* – § 8 Abs 2 AÜG (also die Regel, dass Vereinbarungen zwischen Überlasser und Beschäftiger verboten sind, die der Umgehung gesetzlicher Bestimmungen zum Schutz der Arbeitskraft dienen) unionsrechtskonform so auslegen, dass es sich bei mehreren aufeinanderfolgenden Überlassungen um eine nach dieser Regelung verbotene Vereinbarung zwischen Überlasser und Beschäftiger handelt. *Greiner* hält fest, dass eine solche Vereinbarung zivilrechtlich (teil-)nichtig wäre. Die nicht bloß vorübergehende Kettenüberlassung wäre dann eine Überlassung ohne Befristung. In einem solchen Fall könne die Überlassung ohne weiteres beendet werden.[64]

3.2.3 Schindler

Schindler hat sich zuletzt Ende 2022 in seiner Besprechung des Daimler-Urteils mit der Thematik beschäftigt:[65] Er nimmt Bezug auf die Klarstellung des EuGH, dass der Staat bei unzureichender Umsetzung haftet.

Zum Begriff „vorübergehend" verweist er mit dem EuGH auf die Branchenverhältnisse und die nationalen Gepflogenheiten. Nach dem EuGH sei „eine dauerhafte (‚unbefristete') Beschäftigung – und zwar beim Entleiher (Beschäftiger)! – der Regelfall der Beschäftigung ..., den die RL sichern will." Österreich sei nun aber das letzte EU-Mitglied, das jederzeit begründungslos kündbare Arbeitsverhältnisse kennt. Damit bedeute ein unbefristetes Arbeitsverhältnis „daher

62 AaO 283.

63 Von Extremfällen wie Payrolling abgesehen, wo der Beschäftiger weitgehende AG-Rechte wahrnimmt – *Greiner*, aaO 284.

64 IdS *Greiner*, aaO 285 unter Bezugnahme auf *Schörghofer*, Arbeitskräfteüberlassung im Spannungsverhältnis von Flexibilisierung und Arbeitnehmerinnenschutz, juridikum 2014, 88 (91).

65 DRdA 2022/48, 568.

nicht, dass die Ziele der RL erreicht wären. Sie sind ebenso unsicher wie die in anderen Ländern üblichen, befristeten Verträgen. Sie sind nicht ‚dauerhaft'."

Mit der Bedachtnahme auf die Einsatzbranche kommt es auf die dort übliche Beschäftigungsdauer von Stamm-AN an:[66] Überlassungen müssen im Vergleich dazu wesentlich kürzer dauern. „In Saisonbranchen wird die Beschäftigung während einer gesamten Saison bereits nicht mehr ‚vorübergehend' sein". „In einer Branche, in der ein Regelarbeitsverhältnis zB durchschnittlich zehn Jahre dauert, wird hingegen eine Beschäftigung für 1,5 Jahre gerade noch als vorübergehend beurteilt werden können. Die Höchstgrenze ist nach den österreichischen Gepflogenheiten im Regelfall wohl mit 18 Monaten anzunehmen".[67] Die Vierjahresfrist gem § 10 Abs 1a AÜG sieht er als das für extreme Ausnahmefälle geltende Limit. Für die Feststellung der jeweiligen Dauer in einzelnen Branchen verweist *Schindler* auf die einschlägige WIFO-Studie: „Die dort erläuterte Unterscheidung zumindest zwischen den Gruppen der ‚instabil' (durchschnittliche Beschäftigungsdauer ca vier Monate) und der ‚stabil' Beschäftigten (2,6 bis 12,4 Jahre) zeigt die Relationen und Grenzen. Auch die AMS-Daten zur Fluktuation in den verschiedenen Branchen könnten nützlich sein."[68]

Als mögliche korrekte Umsetzung des Sanktionserfordernisses versucht *Schindler* eine unionsrechtskonforme Deutung des § 15 AÜG (These einer Rechtspflicht zur Erlassung dieser Verordnung, „da jede nationale Behörde alles ihr Mögliche tun muss, um eine EU-konforme Rechtslage herzustellen").

„Nach deutschem Vorbild wäre wohl der Übergang von Arbeitsverhältnissen unzulässig lang eingesetzter Leih-AN auf den Beschäftiger eine angemessene Lösung – er benötigt diese ja ohnedies."[69]

Schindler vertritt die These, dass nach Ablauf der Vierjahresfrist gem § 10 Abs 1a AÜG jener Zeitpunkt ist, ab dem jedenfalls auch bei doppelter KollV-Bindung betriebsübliche Entgelte zustehen.[70]

Auch müssen sE die Schlichtungsstellen in Verfahren zur Erzwingung einer BV gem § 97 Abs 1 Z 1a ArbVG den vorübergehenden Charakter von Leiharbeit umsetzen.[71]

---

66 AaO 569 unter Berufung auf *Greiner*, ASoK 2022, 249 (251).
67 AaO 569 unter Berufung auf *Gagawzcuk*, DRdA 2021/25, 286.
68 AaO 569.
69 AaO 670.
70 AaO 670.
71 AaO 670.

SE liegen die Voraussetzungen für Staatshaftung vor, da die Rechtslage klar war (und ist). „Und ihr Umfang sollte nicht unterschätzt werden: Die ... Schäden durch frühere Beendigung von Arbeitsverhältnissen dürften gerade während der Pandemie vielfach eingetreten sein: Für Stamm-AN war sehr oft Kurzarbeit vereinbart worden, die Leih-AN hingegen wurden zurückgestellt und gekündigt."

3.3 Stellungnahme und These

Unstrittig ist, dass der österreichische Gesetzgeber – innerhalb eines durchaus beachtlichen Gestaltungsspielraums – Kettenüberlassungen reglementieren könnte, etwa durch eine zahlenmäßige Höchstgrenze,[72] eine absolute Höchstgrenze[73] oder als spezielle Rechtsfolge den Arbeitsvertragsübergang auf den Beschäftiger nach einer bestimmten Gesamtdauer und/oder Anzahl von Überlassungen. Eine solche Regelung ist mE auch in Bezug auf Dauerüberlassungen, die keine Kettenüberlassungen sind, zulässig.

Unstrittig ist auch, dass das AÜG de lege lata keine derartigen Höchstgrenzen kennt. Eine solche Regelung fehlt schlicht, ergänzend kann man diesen Befund auch e contrario aus der Vierjahresregel zur Betriebspensionszugehörigkeit (§ 10 Abs 1a AÜG) begründen.[74] Ein ex-lege-Arbeitsvertragsübergang wäre sicher eine mögliche wirksame Sanktion des nationalen Rechts, diese Sanktion ist aber in Österreich aktuell nicht vorgesehen und wäre nach der RL auch nicht unbedingt erforderlich.

Umstritten ist, ob der österreichische Gesetzgeber im Hinblick auf das Unionsrecht überhaupt eine Sanktion festlegen muss:[75] Es könnte ja sein, dass man im allgemeinen Zivil- und Arbeitsrecht ohnehin eine ausreichende Sanktionierung findet. Wir kennen das vergleichbare Problem beim Betriebsübergang, wo der OGH die Nichtigkeit einer Kündigung wegen des Betriebsübergangs gem § 879 ABGB annimmt,[76] obwohl das österreichische Recht die ausdrückliche Vorgabe der Betriebsübergangs-RL[77] nicht gesondert umsetzt. Ähnliches gilt

72 IdS wie oben ausgeführt der EuGH in der Rs KG.
73 IdS wie oben ausgeführt der EuGH in der Rs Daimler.
74 Vgl auch *Schrattbauer*, FS Pfeil 302.
75 IdS *Schindler* und *Schrattbauer* jeweils aaO; aA *Greiner*, aaO.
76 RIS-Justiz RS0108456.
77 Art 4 Z 1 der Betriebsübergangs-RL 2001/23/EG.

für die Befristungs-RL 1999/70/EG und die Kettenarbeitsvertragsjudikatur des OGH.[78]

Eine Vertiefung der wissenschaftlichen Diskussion, wann iSd RL eine Überlassung noch vorübergehend ist und wann nicht mehr, soll an dieser Stelle unterbleiben. Jedenfalls muss sie mangels gesetzlicher Regelung das nationale Gericht im Einzelfall anhand der Kriterien des EuGH prüfen. **Vertiefen möchte ich die Frage der Rechtsfolgen**, wenn eine Überlassung nicht mehr bloß vorübergehend ist.

Zentral ist an dieser Stelle die Frage, warum – also auf Basis von welchem **Normzweck** – Kettenüberlassungen durch die Leiharbeits-RL verpönt sind. Hier darf ich an die Ausführungen von *Schrattbauer* zum Normzweck erinnern: Problematisch ist im österreichischen System gerade die Beliebigkeit einer Rückstellung an den Überlasser, die selbst nach einer sehr langen und beständigen Dauerüberlassung jederzeit möglich sein soll.

Vergegenwärtigen muss man sich vorweg auch, warum der EuGH 2023 ausgesprochen hat, dass die **Personalgestellung nicht der Leiharbeits-RL unterliegt**: Es war insb die **Beständigkeit der unbefristeten Beschäftigung beim Beschäftiger durch die Aufgabenverlagerung** und der Umstand, dass die Personalgestellung offenbar **dem Wunsch bzw den Interessen des AN entsprochen hat**, dass aus diesem Grund kein Missbrauch und keine Umgehung der Leiharbeits-RL vorlag.

Wie könnte nun ein österreichisches Gericht de lege lata das Rechtsproblem der Rechtsfolgen einer nicht mehr vorübergehenden Überlassung lösen, ohne den EuGH anzurufen? Wie könnte eine Lösung aussehen, damit die konkrete Beschäftigung keinen Fall von Missbrauch und keine Umgehung der Leiharbeits-RL darstellt?

Ich darf im ersten Schritt festhalten, dass in Österreich die **entgeltmäßige Gleichstellung** der langzeitüberlassenen AN mit den Stamm-AN weitgehend gesichert ist. *Schindler* hat als eine mögliche Rechtsfolge einer nicht vorübergehenden Überlassung de lege lata die völlige Entgeltgleichstellung vorgeschlagen – das ist durchaus konsequent. Wenn dem so ist, dann verbleibt im System des öster-

78 Wo sich der Gesetzgeber mit dem Verweis auf die bestehende Kettenarbeitsvertragsjudikatur des OGH begnügt und keine ausdrückliche Umsetzung von Paragraph 5 der RL 1999/70/EG des Rates vom 28. 6. 1999 zu der EGB-UNICE-CEEP-Rahmenvereinbarung über befristete Arbeitsverträge für erforderlich hält (so ausdrücklich die ErläutRV 951 BlgNR 21. GP 5).

reichischen Arbeitsrechts als einzige von der RL verpönte Auswirkung einer Dauerüberlassung die jederzeitige Rückstellbarkeit der überlassenen Arbeitskraft bzw im Fall der Kettenüberlassung der Umstand, dass eine Rückstellung zumindest jeweils zum Ende der einzelnen Befristungen ermöglicht ist.

Dem steht – wie festgehalten – der von der Leiharbeits-RL als **Normzweck erwünschte Rechtszustand einer dauerhaften Beschäftigung beim Beschäftiger in einem unbefristeten Vertrag gegenüber**. Wir erinnern uns daran, dass der EuGH die dauerhafte Personalgestellung als unbedenklich angesehen hat.

Verpönt ist also die **Rückstellung** und zwar konkret ihre **Beliebigkeit**: Der Akt der Rückstellung beruht auf einem ein- oder zweiseitigen Rechtsgeschäft zwischen Beschäftiger und Überlasser: Sie erfolgt vertragsgemäß durch eine einseitige Erklärung von Beschäftiger oder Überlasser oder auf Basis einer allenfalls auch erst „ad hoc" abgeschlossene Vereinbarung zwischen Überlasser und Beschäftiger. Auch dieses Rechtsgeschäft der Rückstellungserklärung bzw der Rückstellungsvereinbarung muss den Vorgaben der Leiharbeits-RL und den Wertungen des § 8 Abs 2 AÜG entsprechen. Eine Rechtsfolge einer verpönten nicht bloß vorübergehenden Überlassung ist mE (*Greiner* folgend) die **Entfristung der konkreten Überlassung**, weil in diesem Fall die Befristungsvereinbarung gem § 8 Abs 2 AÜG teilnichtig ist. Diese Rechtsfolge ist vergleichbar mit der Entfristung des Arbeitsvertrags als Rechtsfolge eines unzulässigen Kettenarbeitsvertrags. Damit haben wir in einem ersten Schritt eine Gleichstellung einer verpönten nicht vorübergehenden Überlassung mit dem Fall der dauerhaften Personalgestellung.

In einem nächsten Schritt muss man sich dann aber – wiederum durchaus ähnlich wie bei der Kettenarbeitsvertragsdogmatik – die Frage stellen, unter welchen Voraussetzungen dann doch wieder eine Rückstellung an den Überlasser zulässig ist, also die unbefristete Dauerüberlassung enden kann. Wesentlich ist im Kontext des österreichischen Arbeitsrechts die Fragilität der Überlassung, also der fehlende Bestandsschutz in Bezug auf die Beschäftigung beim konkreten Beschäftiger: Wenn der Leih-AN grundlos zurückgestellt werden kann und der Überlasser keine alternative Beschäftigung hat, droht eine betriebsbedingte Kündigung durch den Überlasser.

Welche rechtlichen Vorgaben bestehen nun für die Rückstellung, genauer für das (ein- oder zweiseitige) Rechtsgeschäft der Rückstellung der nicht vorübergehend überlassenen Arbeitskraft: Im österreichischen Recht ist mE die **Umgehung des Kündigungsschutzes** durch die Möglichkeit einer grundlosen Rückstellung an den Überlasser zentral. Obwohl im Beschäftigerbetrieb eine Kündigung sozialwidrig wäre, wird der Überlasser dennoch nach erfolgter Rückstellung bei mangelnder Beschäftigungsmöglichkeit eine betriebsbedingte Kündigung aussprechen können.

Wenn nun der EuGH für die Zulässigkeit einer nicht bloß vorübergehenden Überlassung einen sachlichen Grund verlangt, ist konsequenterweise auch für die **Rechtmäßigkeit einer Rückstellung ein sachlicher Grund erforderlich**, vereitelt doch die Rückstellung gerade die von der Leiharbeits-RL intendierte unbefristete Beschäftigung beim Beschäftiger.

Weil die mögliche Umgehung des Kündigungsschutzes im österreichischen Arbeitsrecht der zentrale Gesichtspunkt für das Schutzbedürfnis dauerhaft überlassener Arbeitskräfte ist, muss sich die gebotene Sachlichkeitsprüfung für die Rückstellung konsequenterweise an den Kriterien des § 105 Abs 3 ArbVG orientieren, also dem Maßstab für die Rechtfertigung einer Kündigung.

Was bedeutet dies im Klartext: Nur soweit der Beschäftiger auch einen vergleichbaren Stamm-AN im Rahmen des allgemeinen Kündigungsschutzes kündigen könnte, wäre mE eine Rückstellung des ohne sachlichen Grund nicht vorübergehend überlassenen AN ohne dessen Zustimmung zulässig. Es ist dieser Schritt konsequent, wenn man insofern bei der nicht vorübergehenden Arbeitskräfteüberlassung diese langzeitüberlassenen Arbeitskräfte den Stamm-AN gleichstellt.

Damit ergibt sich meine **abschließende These**:

Bereits de lege lata ist bei einer verpönten (weil sachlich nicht gerechtfertigten) nicht vorübergehenden Überlassung von einer unbefristeten Überlassung auszugehen. Die Befristungsvereinbarung ist dann gem § 8 Abs 2 AÜG nichtig. Eine derartige unbefristete Dauerüberlassung darf (ohne Einvernehmen mit dem AN) nur nach Maßgabe eines sachlichen Grundes – zu dessen Auslegung die Wertungen des Bestandsschutzes gem § 105 Abs 3 ArbVG heranzuziehen sind – durch Rückstellung beendet werden, um eine Umgehung des Kündigungsschutzes zu verhindern.

Autorenverzeichnis

Mag. Dr. Wolfgang Kozak
Arbeiterkammer Wien
Prinz-Eugen-Straße 20–22
1040 Wien

Univ.-Prof. Dr. Elias Felten
Paris Lodron Universität Salzburg
Churfürststraße 1
5020 Salzburg

Univ.-Prof. Dr. Reinhard Resch
Johannes Kepler Universität Linz
Altenberger Straße 69
4040 Linz

FSC
www.fsc.org
MIX
Papier | Fördert gute Waldnutzung
FSC® C083411

Kolibri 360 GmbH
Ferdinand-Jühlke-Straße 7
99095 Erfurt, Deutschland
produktsicherheit@kolibri360.de

Druck:
CPI Druckdienstleistungen GmbH
im Auftrag der
Kolibri 360 GmbH
Ferdinand-Jühlke-Str. 7
99095 Erfurt